校名师丛书

给教师的
99 个新建议

孙瑞欣 编著

北京出版集团公司
北京教育出版社

图书在版编目（CIP）数据

给教师的 99 个新建议 / 孙瑞欣编著 . — 北京 : 北
京教育出版社 , 2020.1
（名校名师丛书）
ISBN 978-7-5704-0417-9

Ⅰ . ①给… Ⅱ . ①孙… Ⅲ . ①中小学—师资培养—研
究 Ⅳ . ① G635.12

中国版本图书馆 CIP 数据核字 (2018) 第 146142 号

名校名师丛书
给教师的 99 个新建议

孙瑞欣　编著
*
北京出版集团公司
北京教育出版社　出版
（北京北三环中路 6 号）
邮政编码：100120
网址：www.bph.com.cn
北京出版集团公司总发行
全国各地书店经销
天津兴湘印务有限公司印刷
*
710×1000　　16 开本　　13 印张　　166 千字
2020 年 1 月第 1 版　　2020 年 1 月第 1 次印刷
ISBN 978-7-5704-0417-9
定价：39.00 元

质量监督电话：（010）58572393　58572817　58572750

目录

前　言

21 世纪是一个继往开来、竞争激烈、优胜劣汰、蓬勃发展的新世纪。21 世纪对人才的要求绝不仅仅是掌握丰富的科学知识和新科学技术而已,还要具备心理上、生理上及社会文化上的高素质。振兴民族的希望在教育,振兴教育的希望在教师。要实现中华民族的伟大复兴,21 世纪的教师重任在肩,责无旁贷。那么 21 世纪需要什么样的教师呢?

一名优秀的教师,一定是个知识渊博、不断进取之人。他不会固步自封,不会将自己视为正确答案的"专卖店",也不会让学生成为自己的"复制品"。他深知每个人的指纹不同,将要走的路不同,最主要的是让学生学会做人,让学生拥有热爱知识的灵魂、对生命的热忱,并能够不懈地探求知识,学会与人合作。

一名优秀的教师,他会真正地把学生当成朋友,倾听学生灵魂深处的声音,他会用自己平实的行为,润物无声地影响学生。要求学生做到的,他自己会先做到。他愿意做学生成长路上的垫脚石,让学生从自己身上踏过去,去寻找自己的人生目标;引领学生走出课本,去寻找更广阔的未知领域。

一名优秀的教师应该有崇高的理想,因为理想是行为的动力,理想是伟大与平庸的分野,理想使人与众不同。理想产生激情,激情使理想的主旋律铿锵有力。有了理想,才有前进的方向和动力。

　　一名优秀的教师应该有深厚的文化底蕴。学历、经历和阅历这"三历"是一个有机的联系,作为一名优秀的教师,不一定将名山大川都走遍,不一定能行遍万里路、读遍万卷书,但一定要使自己成为一个永不停止读书、探索、思考、写作的人,让它们成为生命中不可缺少的习惯。

　　一名优秀的教师除了要有深厚的文化底蕴外,还应该勤奋学习、不断充实自己,如此才能成为一个热爱生活、热爱学生的优秀教师,才能教育好孩子们。

　　本书的主要目的是为教师的自我提高提供一些有益的想法和实用的技巧。这些想法和技巧是普遍适用的,自然也适用于任何一位寻求自我提高和突破的教师。书中的建议简单易学,易于实践,必将使教师和学生双方受益。因此,如果你是一名期望能够有效管理课堂的新教师,你就可以借鉴一下这部分的内容;如果你是一名希望进一步提高自身技巧,以便为新教师树立榜样的老教师,此书也必然会给你有益的启示。无论如何,打开这本书并开始阅读的时候,你已经是一位全身心投入教育,希望为学生们的成长奉献自己心血的好老师了。坚持读下去,这本书将为你铺平道路,引领你一步步实现梦想!

　　　　　　　　　　　　　　　　　　　　　　　　编者

第一章　关于课堂管理

课堂管理是教师为了完成教学任务，调控人际关系，和谐教学环境，引导学生学习的一系列教学行为方式。管理好课堂是开展教学活动的基石，教师必须不断地提高课堂教学管理技能。

1.课堂管理是基础

有效教学常常发生在管理好的课堂中。卓有成效地实施课堂管理是教师最关心的问题之一。课堂管理需要一定的特殊技能。课堂管理得好,有助于营造一个良好的教学环境,使教师能够有效地组织教学,师生之间的沟通变得顺畅,教学双方相互体谅,专心致志于教与学。

现在的课堂教学要求开放、活跃、快乐,表现在课堂的气氛上就应该是随意的、自由的、平等的,这样就带来一个让教师很棘手的问题:不让说话、不许嬉闹的课堂不会是愉快、投入、自由的。但是让学生尽情说、尽情闹,老师讲的话又听

不进去,反过来又会影响课堂教学效果。如何既让学生在课堂上思维活跃、表现积极,又使他们自觉保持好课堂纪律,做到"鱼和熊掌兼"得是任何老师都会遇到的问题。既要放,又要收,放要放到尽情、深入、投入,收要收到寂然无声,这真是两难的事情。

大多数老师总是用自己的高音来压制学生的不守纪律的情况。但是往往教师的声音越高,学生的声音也跟着越高,教师就会用更高的声音来压制他们,结果不但教师的嗓子受不了,而且也没收到

意想的效果。往往是教师气急败坏地大吼一声,学生就暂时不说话了,但是不出三分钟,他们又会像小蜜蜂那样,"飞出来辛勤地采蜜"了。

　　这时候教师最重要的就是要调节好自己的心态,不能依着自己的脾气,不要轻易发火。要想到他们毕竟只是一群缺乏自制能力的小孩子。这时候可以用其他的方式来调节课堂纪律。例如,可以用目光来调节,就是用目光注视他,提醒他,把要表达的愿望、态度传达给学生,使他知错后改正;也可以用语气调节,就是变换语调或声音的强弱、节奏的快慢来让学生感到教师的"弦外之音"是在提醒他;还可以根据讲课的内容来提问,学生怕老师点到自己而急于寻求问题的答案,使学生的注意力集中;还可以用停顿调节,就是突然中止自己的讲话,让学生在寂静中感觉到自己违纪了,使其改正过来。这些做法能让学生感觉到老师的宽宏大量,因而更加尊重老师。

2.一个良好的开端

　　"良好的开端,是成功的一半。"这是人们在实践中得来的经验。教学也如此,要顺利地进行课堂教学,提高教学效率,也要有一个良好的开端。

　　一堂课的良好开端,是指从预备铃响到传授新知识这段教学过程。它是直接影响教学效果的重要因素。一堂课有了良好的开端,会使学生加快遗忘课前的活动内容和表象,加速注意力的转移,使

注意力由分散转为集中,引起学生高度的注意,并能给予学生新颖兴趣感和渴望求知感。因为只有激发起学生极大的兴趣和求知欲,才能使学生产生对知识的需求感,所以教师在这时传授知识,学生更乐于接受,能收到事半功倍的效果。否则,学生上课后会被课前的某些活动所纠缠,表象不能及时消除,甚至有时想起特别有趣的事,情绪不受控制,还会发出声来。由此可见,良好的开端,对一堂课的教学效果来说是非常重要的。

怎样才能使一堂课有一个良好的开端呢?有经验的教师一般有下面几种做法。

● 在教室门口亲切地向学生致以问候,欢迎他们的到来;

● 充分准备,井井有条,精心备课,精确到每一分钟的内容;

● 准备一张标注明确的座位表,以免在安排学生座位时出错;

● 准备一些有趣的内容,确保学生一进教室就有事可做——比如逐个了解一下他们的兴趣;

● 保持镇定、快乐、积极的心态;

● 告诉学生你对他们的期望,你能帮他们做到什么,以及他们能从整个班级生活中得到什么;

● 与他们分享你对教育事业的热忱,告诉他们你非常高兴他们成为自己班级里的一员;

● 表达你对他们每个人都有美好未来的坚定信念。

除此以外,有的教师常常用设计导语的方法来获得一堂课的良好开端。总而言之,要形成一堂课的良好开端,就必须依据教材的内容、特点和学生的实际情况来确定,方法要灵活多样,关键在于激发起学生的学习兴趣和求知欲望。

3.对事不对人

若以眼还眼,整个世界就全部失明了。

老师犯的最大的错误之一就是把问题和人混淆起来。只有把二者清楚地分开,才能更好地解决问题,或更好地与他人相处。

有位考生考试总是不及格,作为老师,你知道她其实是很聪明的。针对这位学生,你可能会这样说:"某某某,我知道你很聪明,如果你再努力一些,上课再专心一些,你就能拿到优秀,而不是不及格,你到底怎么了?"

听出这位老师的话语中所包含的讥讽与责备了吗?而且,这位老师自己都没有搞清楚问题的根源,却把解决方案强加给学生。

而另一位优秀的老师是这样说的:"某某某,这样的成绩你一定很难过。我知道你很聪明,是不是有什么事情使你分心了呢?也许我能帮助你!"听出这种方式的不同之处了吗?你有没有注意到,这时候的焦点是问题本身,而不是这个学生,所以后一位老师的做法更能使学生的自尊得到维护。

遇到攻击就自卫是人的天性,学生也是人,这一点毫无疑问!

下面是一位老师和学生之间的一段遭遇。

学生非常不高兴地走进了教室,好像是刚才在操场上发生了什么事情。一进教室，他就开始欺负另外一个同学。老师请他坐下，谁料想他立刻还嘴："别管我，多管闲事！"

老师相当平静地和他耳语了几句，随后他就坐下了，然后老师开始上课，仿佛什么也没有发生。过了一会儿，全班同学都开始做题，老师就把这个学生叫出了教室，和他单独聊了起来。

那这个老师到底跟这位学生小声说了些什么，能有这么大的作用，让他平静下来？

事后这位老师说道："这位同学刚刚搬到这里，还不太了解我，不知道我到底是不是一个多管闲事的人。或许是，或许不是，但是他必须先了解我然后才有权下结论。我跟他说的也不过是这样一番话而已。我请他先用几分钟时间平静一下，然后再来解决刚才的问题。当然，你也看到问题已经解决了，而且我也在很短的时间内对他有了更多的了解。"

这位老师又说："我相信如果所有的老师都能真正认识每一位学生，也能够了解学生们犯错误的原因，了解他们所面临的问题，他们心中的烦恼，那么十次有九次我们会感到伤心而不是生气。"后来他又补充说："请相信，我绝对不是为他们的行为找借口。我的态度和信念使我每一次都只解决问题而不针对个人。我爱那些孩子们，无论他们是否接受我的爱，我都永远爱他们。他们迟早都会明白，我只是关心他们而不会攻击他们。"

4.教师惩罚学生要有"度"

在教育的现实中,我们有的老师在学生犯错误后,只是让学生站一下,面壁一下,批评几句。而学生却对此不能接受,认为教师伤害了他,体罚了他,有的当场和老师对着干,有的甚至转向就走。

有的老师在学生犯了错误后重重地责罚学生,学生却愿意接受,认为教师越是这样,越体现出教师教育严格,是爱护学生的具体表现。

同样是教育学生,同样的教育方式,在同一个学生身上,也许会因为不同的老师而产生截然不同的反应。

为什么? 症结何在? 关键不在于你是否责罚了学生,而在于你的教育效果。没有让学生明白你的良苦用心,没有达到教育学生的目的,学生就会不服,就会认为你在体罚他。如果我们的教育让学生心服口服,学生不仅不会反感,而且会感激你。

所以,合理的惩戒是教育,不合理的惩戒就是体罚。超越一定的"度",合理的惩戒也会变成体罚,因为它伤害了学生。

要使自己的惩戒达到理想的教育效果,就必须创设良好的教育环境,就必须义正词严,就必须要拥有前提,把握好惩戒的"度"。

教师对学生的惩戒是要有前提的,这不仅需要有了解学生是故意犯错误还是过失犯错误这一前提,更主要的是教师要有爱心、有学识、有威信这个前提。否则,你的正当惩戒,学生及其家长也不会接受。你有学识、有威信、有爱心,你对学生必要的惩戒,学生感受到你是爱他的,他就愿意接受。你没水平、没能力、没威信,学生平时都瞧不起你,对你产生敌意,更别说要对你的惩戒服气了。

我们要清楚自己惩戒学生的目的不是泄愤,而是教育学生。因此,惩戒一定要达到教育学生的效果,否则,我们必要的惩戒就变了味。所以,教师要把握惩戒的"度"。

5.要按章程办事情

有些活动可以激发人无穷的创造力,其他的则不行。比如,汽车设计允许有多种不同的设计方案,汽车装配就不行。课堂管理也是如此。为了成功、有效地管理一个班级,我们必须建立一套明确、严格的章程,任何事情都必须按照这套章程来做。假设有三十个学生,如果没人告诉他们该怎样去做一件事情,那么他们每个人都可以找到无数种方法来完成任务,其中必然有很多方法是行不通的。不难看出,三十个学生各自采取自己的方法来完成同一个任务,采用的方法可能会有很多。如果我们是在教学生如何进行思考,这个结果相当不错;但是,如果我们是在教他们如何做到举止端正,这可就太糟糕了。那么,课堂上哪些活动要求固定的章程呢?答案是:任何一种无法激发人们创造力的活动都必须有固定的章程。比如,学生走入教室、削铅笔、交作业、加入小组、走进食堂等,都无需什么

第一章 关于课堂管理

"创造性的"方式。作为一个课堂的管理者,你的责任就是建立一套固定的章程,以确保课堂教学的顺利进行。请告诉学生你对他们的期望,希望他们如何行事,与他们一起来实践这套章程,并在实践中不断将其强化。

在学习和创造力上,让他们自由发挥;在课堂举止上,给他们指明方向。

6.制订有效的纪律体系

人们常把"纪律"和"课堂管理"混为一谈,纪律的确重要,但它仅仅是课堂管理的一部分。课堂上必须有一个纪律体系,即一套规章制度,一旦学生违反了其中的某一条,就必须接受相应的处理。这个处理结果并不是老师在学生违反纪律时临时决定的,相反,它受到的恰恰是最初制订的纪律体系的约束。

规章制度的目的是设定限度,维护秩序,同时为其他人提供保护。道路上有限速,一旦超速行驶,后果轻则收到罚单,重则发生车祸,这个后果是可以预知的,司机们对于超速的后果有着相当清醒的认识。学生们也一样,必须要清楚违反课堂纪律需要承担的后果。因此,必须制订一个纪律体系,并严格恪守,贯彻始终。

制订方案的时候,请注意那些优秀的教师采取了什么手段来保证课堂的一丝不苟、井然有序。他们成功的关键,并不在于学生违反纪律后如何具体地惩戒他们,相反,他们的秘诀在于预防,严格的课堂管理方案、亲切的态度和时时掌控的主动权可以有效地预防学生可能发生的不规矩行为。最简单不过的道理是,在一个管理得当、制度严明的环境中,纪律问题极少发生。

7.每天都问候学生

一个小小的微笑,一声真诚的问候,会让你与学生一整天融洽的相处有个好开头;轻轻地握下手,微笑地对学生说声,"你好!"能让你赢得学生的信任和尊重。

目前,很多学生养成了尊重老师、向老师主动问候的良好习惯,但是也有些学生见了老师,或视而不见,或躲躲藏藏,连个招呼都不打。问起原因,学生的回答令人汗颜:不是我们不愿意打招呼,而是因为我们和老师打招呼时,大多数老师都是敷衍,而且很冷淡。仔细想想,我们老师是不真的是这样?面对学生的问候,很多老师只是"嗯"一声了之,有的甚至理也不理便匆匆而去,主动与学生打招呼的更是少之又少。

要求学生讲礼貌，我们当老师的要首先作出表率，如果我们能够主动与学生打招呼，学生一定会更加愿意接近老师。老师主动打招呼不仅限于师生见面时，还应该表现于课堂内外：上课时，多走下讲台，给孩子们更多的关心；提问时，多靠近学生，给孩子们鼓励的目光、微笑的表情、赞赏的话语；下课时，多在教室停留几分钟，和学生唠唠家常，说说闲话，倾听学生的心声。

面对来自学生的尊重，如果没有一个同等的回应，我们便会失去那份尊重。当你主动把一份尊重送给学生时，学生一定会回报你加倍的尊重。

当你走进百货公司，走进饭店，走进公共场所，你都会享受到周到的服务。为什么这些场所都愿意投入那么多的精力、财力让每一个顾客一进去就感觉到亲切和受欢迎呢？原因在于人们都喜欢那些欢迎他们，让他们感到与众不同的地方，他们也会给出积极的回应。

人们这样，学生也不例外。学生也喜欢那些欢迎他们的地方，而且，只有在积极健康的环境里他们才能取得成功。想让你的学生成为快乐、成功的学生吗？那么，别忘了说上一声："嗨，你好！"

8.善于"捕捉"学生的举动

走上工作岗位之前，教师已经接受过这样的培训：如何发现学生的问题，找出问题的症结所在，并找出相应的对策。事实上，这是每一位优秀的老师必须掌握的技巧。但是，有谁接受过这样的培

第一章 关于课堂管理

训:如何发现学生良好的行为？是什么原因促使了这些行为的发生？如何进一步培养这些行为？

没有多少人。想一想,我们都长着一只"后眼",这只眼在很远的地方都能发现学生在捣乱。这也是一门必需的技巧,但更重要的技巧是——学会使用这只"后眼"来观察哪个孩子表现得更好,并对他的行为予以鼓励和赞扬。说一声"谢谢你举手"或"感谢大家的合作",会有意想不到的神奇效果。学生渴望得到我们的关注,他们会不遗余力地来争取他们想要的东西。一旦他们意识到乖一点就能得到你的关注,就会自觉地乖起来。注意学生好的行为的老师遇到的课堂纪律问题,要比那些只关注学生淘气行为的老师少得多。所以,留意学生们那些好的行为吧,只要这样做,你就会发现它们无处不在。

9.学会忽略

人无完人,孩子也一样。总是希求学生有完美表现的老师是极端不现实的,得到的也只能是无尽的失望。如果你希望上课时孩子们从不交头接耳,那你就是不现实的。如果他们之间偶尔的"嘀咕"基本不影响上课,那么就忽略它,这没什么大不了的。当然,如果很多学生都叽叽喳喳,影响课堂任务的完成,你就必须予以制止。

孩子们总是会讲话,会犯错误,偶尔也会捣捣乱。为什么?就因为他们还是孩子。聪明的老师明白,如果总是揪住学生的一点点小毛病不放,一天下来除了发脾气,真正用在教学上的时间少之又少。至于到底哪些是可以忽略,哪些是不可以忽略的问题,我们还没有一个明确的规定,但如下这个小配方一定可以帮你不论在什么情况下,都高枕无忧:一杯常理,几勺耐心、宽容、恒心,积极的期望和向上的态度,再浇上满心的爱,烘焙一学年后服用。

10.应重视学生的课间休息

常常听到老师们抱怨会议开得太久,或者是培训了一整天,困得要命;也常常看到与会者们交头接耳、窃窃私语——心不在焉了。为什么会这样?最根本的原因是人的耐力都有限度。忙碌了一天,放学后走出教学楼,每一位老师看上去都相当疲惫。那么为什么学生们看起来却精力充沛呢? 是不是因为他们还有能量没有释放? 是不是因为他们整天都坐在那里? 那么,他们会不会因为太累而在不适当的时候不听讲? 说话只是为了放松放松? 难道学生们在放学的时候不应该感到很累吗? 毫无疑问,他们应该感到筋疲力尽才对。那么,怎样才能做到这一点? 首先,作为教师,我们应该知道学生们上课时在座位上呆多长时间合适。没错,我们必须使他们一直忙个不停,这样他们就没有时间来捣乱或走神。但是,这并不意味着要把全部的课桌都搬出教室,因为有一些课堂活动就需要学生们坐下来参与。优秀的老师知道学生们的身体和大脑能够爆发出多大的能量,并充分地加以利用。怎么做呢？如果学生们已经坐了半小时或更久,就让他们休息一下。有位教师上课时总是经常对学生这样说:"好,我说'开始'的时候,你们就可以在接下来45秒钟的时间里,站起来,伸伸懒腰,说说话。我说'停'的时候,你们必须马上停下来,坐好,安静。"45分钟的课下来,这样的活动重复进行三次。学生们好像早已驾轻就熟,活动完成得相当棒。而且,全部的课堂活动进展顺利。下课之后,有老师向这位老师询问他这样安排的原因。他笑了笑,说道:"哦,这个啊,不知道你怎么样,但我自己连持续坐二十分钟也坚持不住。我比学生们年龄大,精力也不如他们,所以在课堂上会经常让他们休息。你可能也看到了,我们休息的时间不长,但却相当有效。站起来活动活动,伸伸懒腰,说说话,让血液循环一下,学生们重新精力充沛,再上课时注意力会更加集中。我需要他们将精力完全集中在课堂内容上。"他接着说,"即使是在小组活动的时候,我也会给学生们一点时间来放松一下。学生们都很用功,我希望他们每一天都能受到启发和激励,每一天放学之后,都有筋疲力尽的感觉。如果做不到这一点,我就是失职的。"

11.私下处理学生的不当行为

我们作为教师也应该有这样的体会:如果在学校的教职工会议上,别人说某些话或做某些事令你感到难堪,那就不要将这些话或这些事运用到学生身上。这是一个极好的衡量标准。在教职工会议上,教师置身于同辈人中间,自然不愿意被"另眼相看",当众被批评时也感到丢尽了脸。再如,校长当众宣布每一位老师的听课结果,你又会有怎样的感受? 这些都应该是私下交谈的事情。实际上,每位老师都拥有一间自己的"私人办公室",它就在教室外远离全班同学的地方。我们虽然不可能每一次都完全私密地解决学生的纪律问题,但至少可以谨慎行事——你所要做的,不过是在那个犯错的学生身边,俯下身子和他低声讲几句话。记住,公开责骂毫无益处,只会导致学生的逆反情绪的产生,要知道即使是犯了错误,他们也一样期望得到尊重。你对他们隐私的尊重,他们完全可以感觉得到。而且,只有自尊得到了维护,他们才可能虚心地改正错误。远离其他同学,一对一地对犯了错的学生进行谈话和指导,你会发现,他们并不是那么的"桀骜不驯",相反,他们乖巧听话得很。

12.给学生留足"空白"时间

给学生留足"空白"时间,就是给学生充分的时间,尤其是课堂阅读教学,一定要落实"三充分",即:给学生充分的阅读时间,充分的思考时间,充分的互动时间。要让学生在读中感,在思中悟,在辨中明,在说中得。给学生留足"空白"时间,是一种艺术,是"新课改"的理念。

给学生留足"空白"时间,体现了"以人为本"的理念。传统教育以传授知识为主要目的,它强调的是教师的业务素质,因而,钻研、分析、讲解教材,是教师单方面的事,学生有无充分的时间阅读无足轻重。但是,学生是一个个有血有肉、有理想、有感情的生命个体,作为鲜活个体,他们有着各自不同的个性特点、兴趣爱好,不同的生活阅历、知识储备,这些不同,就决定了他们对作品的理解不同。正所谓有一千个读者,就有一千个哈姆雷特。给学生留足"空白"时间,让他们运用自己的大脑,放开眼光,自己去"拿",正是正视了学生作为个体的差异性。因为阅读是一个再创造、再认识的过程,是一种个体的情感体验,给学生留好"空白"时间,就是给他们发挥无限想像力去再创造的机会,就是给他们充分体验得到美的享受的机会,就是给他们展示自己丰富个性的机会。

然而,现在的阅读教学却恰巧忽略了学生作为读者的个性差异,剥夺了一个阅读者本该享有阅读体验的权利。翻开学生的语文书,我们从那些学习用功的学生的书上可以看到,书的空白处记满了老师的讲评之语,是参考书的翻版,极少看到,甚至看不到学生自己充满生机的批语。新版的语文书空白之处很多,这里本是学生充分施展才华的地方,却被老师牢牢占据着。因为长期以来,以教师为中心的阅读教学已经使学生养成了做听众和书记员的习惯,而忘记了自己读者的身份,更没有了做评论者的激情和再创造的喜悦。

也许,有的教师会担心:一节课,给了学生充分的时间,教学任务完得成吗?初听起来似乎有道理,但细细一想,问题就出现了,这种观念似乎认为只有教师仔细分析讲解了,学生才会懂,离开了教师的讲解,学生就无法学了。这显然是低估了学生的能力,忽视了学生的主观能动性在学习中的作用,好心地剥夺了学生做主人的权利。也许又有教师疑惑:把课堂让给了学生,把时间还给了学生,教师该干什么呢?给学生充分的时间,让学生的主体性得以体现,既不等同于无限制地将课堂教学变成学生的自由阅读,也不等同于放任学生无中心、无目标地争论不休,当然更不是让学生在课堂上胡思乱想。在给学生充分的时间阅读、思考、辩论的同时,一定要有教师的充分参考、引导。教师要在"导"上花大力气,要让学生在读的过程中,获得知识,发展能力,挖掘潜力。教师的引导作用是不容忽略的。

13.让学生安心

研究已经反复证明,感到焦虑或紧张的时候,人的大脑就会专注于如何来消除这种焦虑和紧张感。研究还表明,大脑处理否定言论所需的时间比处理肯定言论花费的时间多得多。知道这是为什么吗?其实,我们自己就可以找到答案。想想看,你伤心的时候,总是会一心想着怎样开心起来,这很容易理解;再想想,有人赞美你的时候,你是不是说声"谢谢"就任其过去了呢?被人赞美当然是一种美好的感受,但你却不会因此而忘记其他的事情。可是,有人侮辱了你,说你不好、讲你坏话的时候,你就会不高兴,然后绞尽脑汁地去想这个人为什么要这样说,你还可能有些气愤,甚至可能想着去报复。不管你心里多么使劲地想要忘记它,大脑一时半会儿却不能摆脱它的影响。别人说你好的时候,你很容易就会忘记;别人说你不好的时候,要想忘记,恐怕就很难了。

同样的事放在教室里又会怎样呢?也无需花费太多的脑筋——在消极的环境中,比如令学生们感到害怕、不舒服或者焦虑的地方,学生的学习效率非常低下,因为此时学生们的精力完全集中在如何令自己感到舒服一些、自在一些、不再焦虑害怕上。所以，作为教师，一定要防患于未然。开学第一天的第一件事就是让学生们感到舒服、自在和安心，给他们一个你相当镇定、泰然的印象和感觉。先跟他们讲："欢迎大家！很高兴见到你们！"然后，持之以恒地做下面这件事情：向他们承诺。开始做自我介绍的时候，不要说你希望他们做到什么，而是告诉他们你能为他们做些什么，告诉他们你的课堂非常生动有趣。你需要向他们作出如下承诺：

我一定不会在课堂上朝你们大喊大叫。当然，这并不等于我会放任你们的错误行为，你们依然必须对自己的所作所为负责。但是，我保证，我会在课下再处理问题，给你们足够的尊重。

我一定不会当面给你们难堪，当着同学们的面让你们尴尬。放心吧，这里很安全。我相信，在这里，你们一定会学到很多！

做完承诺，你已经实现了两个目的：

学生们知道你是敢于承担责任的，可靠的。谁来监督你完成自己的责任？学生，他们会督促你始终信守自己的承诺。违背诺言的后果就是失去他们的信任。所以，基本上，你已经摆脱了在课堂上"乱发脾气"的风险。

你已经让学生们安下心来。安心、放松，他们就会全力以赴，敢于接受挑战，而且遵规守纪。他们会因此而获得成功，更重要的是，他们将永远把你记在心间！

第二章　关于课堂教学

教学活动是一项艰巨、复杂而又富有科学性、艺术性的系统工程，它只有在各种教学优势的综合作用下，才有可能收到预期的效果。课堂教学是一门科学，同时也是一门艺术，而且是"一切艺术中最渊博、最复杂、最高和最必要的艺术"。

14.教学需要有个性,有创新

课堂教学是一门艺术,不同的教师在课堂上会演绎出不同的感染力和艺术效果,尽管有规定的教材和相应的教学内容及要求,但没有固定的台词,课堂教学给予了教师充分的时间和空间,可以自由驰骋、自由探索、自主创新。

创新,就是创新思维,就是发现、培养自己独到的新观点,从而形成富有个性的新风格。作为教师,在教学上要大胆尝试和创新,形成自己鲜明的教学个性。

同样,教师的教学个性有益于创造课堂教学的艺术。教师有个性,才有课堂教学的艺术。个性意识强,个性教学主动性明显,能有效地进行和指导课堂教学。个性意识越强烈,教学创新意识就越强烈,越能创造性地运用于教学艺术之中。但凡那些优秀教师,都有鲜明的教学个性。魏书生的民主、窦桂梅的激情、于永正的幽默……是独特的个性造就了这些名师。

个性,是教师创新教学的源泉。如果没有个性,我们的教学就没有创新,也就更不可能有丰富多彩的课堂呈现,学生也都是"克隆人",都一个模样。热情、耐心、温和这三个方面几乎是所有优秀教师具备的主要心理品质,但像诙谐、幽默、富有同情心、善于尊重别人的自尊心、办事果断坚毅、强烈的责任感、广泛的兴趣爱好等这些创造性的品质,也都是教师应该具备的良好的个性。

那么,教师的创新主要体现在哪些方面呢?

教师的创新主要体现在六个方面:

● 对问题的理解独到、有建设性或前瞻性,能挖掘多问、多变、多解、巧解、错解的途径,找到抽象问题的实质或模型,使复杂问题简单化。

● 营造一个适合学生创造的教学氛围,鼓励学生大胆假设,提出不同意见,正确对待、启发和开导"偏科""钻牛角尖"的学生,高度重视学生的各种学法,充分发挥学生的主观能动作用。

● 在教学中努力寻找适合学生的学习方法,教法因人而异。只有适合学生的教法才能引起学生的共鸣,易于被学生认同、接受、喜欢,这样学生才能快速吸收、记忆、联想和形成创造性思维。

● 教学设计要体现创造性的教学方法和手段。教师重点思考设计什么方案、采取什么方法、通过什么途径来实现,将学生置于主体中,找到多种切合实际的方法,提高学生主动探索问题的积极性。

● 博学多才。教师要将世界科技发展的最新动态、成果应用到教学中,将现在科学前沿知识结合到现实生活里,拉近科学与生活的距离;把古今的社会文化、人文文化、自然文化清晰地展现在学生的面前,使学生在一个博学的老师面前激发无穷的创新渴望。

● 善于发现和积累创新题型,把握新题型的实质和关键。创新题型都具有它的特点,关键是弄清楚"新"在哪里,如情景新、形式新、立意新、组合新等。不管是哪种"新",都是围绕某些知识而展开,其实质和关键都是一些知识的变化和拓展。

15.教学要有灵性

教师教学需要有灵性,灵性是教师课堂活力的重要表现,是创造性教学的根基。

21 世纪,需要培养充满生机且德才兼备的创造性人才;21 世纪的教育,是灵性闪光的创新教育;21 世纪的教学,需要充满灵性智慧的创造性教学。在大力推进素质教育的今天,教师就应拥有自己的教学灵性。

教育,不仅要教会学生书本理论知识,而且要把生动性和灵性融入教学之中。这就要求我们教师不仅要教学生学、教学生怎样学,而且要培养他们灵动地、创造性地学,从而让学生更好地成为具有创造性素养的人才。

拥有教学灵性的教师能勇敢地做"平等的首席",民主地与学生讨论、对话,并有效把握教学的时机,培养学生学习的灵性,促使其灵动地学,使其灵性的智慧火花燃烧得更灿烂、更夺目。

新课程改革,目的就是力图革除以往课堂教学的弊端,引领学生超越课堂,置身于广袤无垠的社会实践和生活的大课堂中,学习知识,提高实践能力,追求全新的、充满灵性的学习新境界。

教师要给学生留出自主思考的空间,促进学生全面、健康、可持续发展。

教师要不断培养自己的灵性,用心上课,追求灵性的课堂,赋予教学智慧和技术,给予课堂生命和活力,让学生们对学习充满热情和兴趣,从而培养学生成为未来幸福生活的创造者。

学生是具有主观能动性的人,他们作为一种活生生的力量,带着自己的知识、经验、思考、灵感、兴致参与课堂活动,成为课堂教学的主体部分,从而使课堂教学呈现出丰富性、多变性和复杂性。课堂上,教师只有乐于与学生对话,专心致志倾听学生的发言,体验学生的情绪,不失时机地抓住来自学生思维的闪光点,捕捉到引导学生深入感悟课文、内化语言、发展语言的"点",精当点拨、精心唤起、精巧引导,才能让课堂教学在"预设"的基础上焕发"生命"的活力,让教学闪动灵性的光芒。

● 灵性,源于唤起了学生的情感和内心体验;

● 灵性,源于教师的巧妙点拨;

● 灵性,源于学生的多元解读。

新课程理念下的阅读教学,以"为了每一个孩子的发展"为宗旨,从关爱学生人格健全和生命发展的基点着眼,提倡多元个性化阅读,鼓励自主感悟,关注独特体验。开放课堂能激发生命的潜能,引导学生全面、主动、和谐地发展。面对学生稍纵即逝的生成的信息,我们要努力提高自己的教学智慧。我们要敢于因势利导,打破计划,对预定的目标、内容进行反思和调整;善于运用生成性的教学资源,精妙点拨,让教学充满灵性,使课堂焕发勃勃的生机。

16.要多带点儿东西进课堂

曾经有老师在文章中这样表述:"每次听一些名师的课,总让我有一种说不出的感受,没有华丽的课堂形式,教学设计有时也很'老套',可是他们一走进教室就让人感觉到不同,让我感觉到一种'大家'之气。总能将所有人的心紧紧地抓在一起,跟着他一起思考,一起设计实验步骤,一起完成实验,直到下课,还感觉意犹未尽。为什么他们的某一个细微的眼神、某一句话语,都是那么使人难忘,以至于深深地吸引住每个学生和每个听课同行的心,而我们却难以做到呢?"

其实要当好一名教师,自踏入课堂的那一刻起,带到学生面前的不仅仅是知识,也不仅仅是课堂的组织秩序,同时还有精神气质,还得带着心去。

那怎样的教师才是受学生欢迎的好老师、怎样的教学才是令学生终生受益的教育呢? 今天的教师应带着什么进课堂?

☆ **"问渠那得清如许,为有源头活水来"**

有一首歌这么唱道:"小时候我以为你很神奇,让所有的难题成了乐趣。"为什么能让难题成为乐趣呢? 因为在学生看来,老师是一个无所不知、无所不晓的人。作为一名教师,我们应该对课程标准和教材体系烂熟于心,我们应花时间去钻研、掌握教材体系:每册教材编者的编排意图,每个单元的学习重点,每篇课文的教学因素……这些都要牢记在心,如数家珍。对与教材内容相关的文学精品要了如指掌,人类五千年文明产生了一批批文学精品,反映到教材里的只是沧海一粟。对教材内容,教师当然应该非常熟悉,要求学生背诵的,我们同样能背诵,同时我们还要明白教材只是一个例子。我们要以教材里的选文为"点",以此作"线"的延伸,作"面"的拓展,形成自己的"知识宽带网",不停地学习、读书、看报,获取新信息。课堂上,我们适时地向学生介绍"纳米"技术、"克隆"技术、航天航空技术……开阔学生的科学视野。课下,要与时俱进,孜孜以求,不停地读名著经典、教育理论、教学报刊等,不断地夯实自己的知识功底,成为一个名副其实的"杂家"。我们的积累不是"一桶水",而是一条奔流的大河,让我们的学生用"碗"、用"桶",尽情地舀吧、提吧,我们依然是一条奔腾不息的大河。

☆ **"海纳百川,有容乃大"**

教师要用一生的追求、一生的积累,去为学生夯实精神的底子,让学生走出校门走入社会后,顺境中能茁壮成长,逆境里能顽强成长。我们要每日"三省"。既然先人说过"尺有所短,寸有所长",我们就应对自己的教学水平充满信心。我们以学生为师,学生以我们为友,学生和我们互教互学,我们和学生一起成长。对于前辈留下的教学经验和同辈创造的教学业绩,我们也要捧若至宝。

☆ **"会当凌绝顶,一览众山小"**

现代社会要求国民具备良好的人文素养和科学素养,具备创新精神、合作意识和开放意识。作为教师,我们应该从三尺讲台着眼人的一生发展。要重视通过教育教学来提高学生的品德修养和审美情趣,把形成学生良好的个性和健全的人格,促进学生德、智、体、美全面和谐发展作为教育的终极目标。我们还要从三尺讲台放眼世界,培养为明天社会发展不断创造和贡献的人。我们看待一个学生,不能总计较他今天学了什么,而要着眼于他明天能为社会干什么?苏霍姆林斯基说:"教师的教育劳动的独特之处是为未来而工作。"我们要在学习过程中,重视培养学生的爱国主义情感、社会主义道德品质,引导学生逐步形成积极的人生态度和正确的价值观;着眼于提高学生文化品位和审美情趣,为他们一生丰富的精神生活、一生的和谐发展做好精心准备。我们坚持以人为本,坚持胸中有书、目中有人,把教书育人两方面紧密结合起来。我们坚信:教师在课堂上跟学生的交往,只是教育工作的一部分,学生的教养、精神上的发展、道德品质的形成很大程度上也都取决于教师有无教育的意识。我们要摆正教育教学的位置,把育人放在第一位。在正确的教育思想指导下,我们对现行的教材能提出自己的看法,对当前教学中存在的问题有清醒的认识。在教学中时时体现一种人文关怀,把开放性作为教学的形式。面向社会生活,开放学习领域,紧扣时代脉搏,让教学的天空永远新鲜亮丽;面向大众媒体,拓宽应用空间,让学生感受学科知识在现代生活中应用的魅力;充实教材内容,链接最新信息,使自己的教学永远充满生机与灵气。我们还要根据教学实际,突破固有程序,用合作学习、及时反馈的方式培养学生的主动学习意识、竞争意识和合作精神,让教学适应 21 世纪的发展。

教师需要学识。精深的专业知识和广博的相关知识常常能让一个教师在课堂上左右逢源、神采飞扬。《学习的革命》一书中指出:"我们的孩子们生活的世界正在以比我们的学校快四倍的速度变化着。"如果教师不能把准时代的脉搏、不断地读书、拓展视野、增长学识,不仅不能教好学生,反而会因为自己的落伍而妨碍学生的发展。

教育没有最好,只有更好。只有我们不断地追寻与探索,才能逐渐靠近教育的真谛。在今后的工作中,我们应不断地学习,经常地思考,努力让自己变得更充实丰富,让自己的教育教学更科学合理,让自己在教育这条路上越走越宽,越走越远。

17.上课要鼓励学生多提问

在平常的教学中,常常是教师提问题,学生答问题,学生的思维被动地跟着老师的问题转。这样的教学容易养成学生的惰性,泯灭其创造的火花,让学生走向平庸。一个好的教师应鼓励学生积极提问题。

鼓励学生提问题,可以调动学生学习的积极性。俄国教育家乌申斯基说过:"兴趣是最好的老师。"教学中,老是教师讲学生听,学生被束缚在一种固定的教学模式下,长期下去,将会感到乏味和单调,失去学习的主动性。鼓励学生提问题,能从根本上改变学生坐等老师传授知识的依赖心理,使学生由一个被动接受者变成一个主动探索者,把学习的潜力、能力充分挖掘出来。正如叶圣陶先生所说:"上课之时主动求知、主动练,不徒坐听教师之讲说。"这样的学习,学生才会兴趣盎然。

鼓励学生提问题,可以培养学生的创造性思维。提问是一个人从已知伸向未知的心理触角,是创新意识的具体体现。亚里士多德曾经讲过:"思维是从疑问和惊奇开始的。"一个学生能够提出问题,说明他的思维是活跃的、积极的、主动的,说明他善于联想,具有一定的想象能力,有勇气和探索精神。至于大胆质疑的,更是表现了其果断、勇敢的创新意识。而这些正是一个创造性人才所具备的重要素质。反之,一个不会提问的学生,说明他缺乏积极的思维和独立判断的能力,不善于联想和想象,不具有创新意识。这样的学生长大以后,在未来的竞争中是难以取胜的,很容易被淘汰。

陶行知先生有这样的诗句:"发明千千万,起点是一问……人力胜天工,只在每事问。"爱因斯坦也说过:"提出一个问题往往比解决一个问题更重要。"教师在教学中积极地鼓励学生提出问题,对发展创造性思维,培养 21 世纪的创新人才是十分有益的。

18.教师要多"问"

"问"是一种思考,一种探索,一种回顾。只有"问",才能激起教师进一步探索的欲望,也才能发现自身之不足,从而找到快捷的前进之路。

作为教育者,"问课"是一种最基本的专业成长方式。通过"问课",我们可以在课堂教学过程的各种现象之中抓住教学成功与否的痕迹,感觉到预案设计的变化,更能捕捉到瞬间闪现的生成因素,从而探讨、发现自我教学上的一些规律。

但是,"问课"不能只是"课后问","课前问"也是必不可少的。比如,针对自己个人发展的实际情况、学生现有认知实际和学习心理特点、教材特点等方面问问自己,如"教什么""怎样上课""为什么这样上课""应该怎样上好这堂课""还可以怎样上这堂课""这样上课是不是体现了以学生的发展为本""可能会有哪些突发性事件,该如何调控"等。这样三思而行,才能提高课堂教学的效率,课堂目标达成度才高。

"问课",其所"问"的对象是很多的。如问学生,从问中了解学生现有状况,从问中参照自己曾经的教学情况;问同行,听听他们对自己的课堂教学情况的意见,坦诚交流,获取有用的信息。当然,还有问教材、问家

长等。其中,"问"的方式也不是单一的,它包括面对面的对话,发放问卷,书信、电话交流,发电子邮件,等等。

"问课",体现一个人的心态,一种谦逊、乐观、积极向上的心态;体现一个人的精神,为教育、为学生发展负责的精神;体现一种追求真实、勇于探索的精神;体现一种敢于否定自己、不断超越自我

的精神。

德国著名哲学家雅斯贝尔斯提出,教育是灵魂的回头,是顿悟的艺术。所以,"问课"应成为我们教师每天必修的"功课"。

19.教学要有勇气

教师教学,为什么需要"勇气"呢?

帕克·帕尔默在书中这样写道:"越热爱教学的老师,可能就越伤心!"很多教师非常热爱教学,渴望成功的教学,力争做好自己的本分,但是却时常遇到各种各样的困难,并因此感到无助和担忧,甚至恐惧。教师虽然渴望成功,也付出了努力,但不得不面对现实,接受失败。在这个时候,我想优秀的教师就会拿出教学的勇气来,诚然面对现实,接受失败,努力改进完善自己。教师有了这份教学勇气,即使当教育理想与现实背离时,也不会失去教学的热情。

那么,教师该如何拥有教学的"勇气"呢?

教学是教师利用自己的天资,发挥自我的独特优势,引领学生探索真谛的过程。在这个过程中,孩子们学习用更真实的方式来看世界,在这个世界中生存。教师的教学方式就是教师在书写自我、认同自我、完善自我。自我是有待开发的资源,自我是有待实现的潜能,优秀教学之源在于教师的心灵而非其他。

教师应以职业要求回应生命之需。品尝着职业价值,感悟着生命真谛,教师便拥有了职业幸福感,前进的路上,还会畏惧那种种难以名状的苦难吗?纵然面对重重困难,但是,当教师、学生、家长、社区结成共同探索和追求的网络时,凝聚的合力会远远大于外部所给予的磨难。

教师找回真心、真我,就有勇气保持心灵的开放,以敞开的心灵去启迪学生的智慧、提升学生的生命价值。教师以敞开的心灵开放课堂,以开放的心灵聆听多种声音的激荡与碰撞,一颗真实、开放的心灵,我为教师树立在学生内心默契共鸣的教学威信。

帕克·帕尔默的发现是:教师需要让自己处于不断的自我更新、自我变革的生活中。可是,很多教师往往惧怕变革,因为一旦变革,教师就会陷入不适应、不稳定、不平静的恐惧之中。

对绝大多数教师来说,教学中的迷惘大半来自于实践中的困难和挫折,而在这些困难和挫折面前的无能为力是造成退缩的重要原因。在繁重的工作当中,这种失败感更被突显出来了。当工作的压力和生活的重荷让我们身心俱疲时,我们的热情和力量也被消耗殆尽。教学,真的需要勇气!教师们都在心里呼唤:谁给我们教学的勇气?

当然是"书本"。教师们之所以迷惘,是由于教师们不会思考了;教师们之所以不会思考,是由于教师们储存的"知识"不足以解决或更好地解决问题了……最有效的办法是重拾书本,更新自己,与时俱进。

教师要能够真正明白学习是快乐的,以后一定要有勇气读更多的书!生活,因阅读而更美好!教学,因读书而更美好!人生,因勇气而更美好!

勇气,从阅读中来,从生活中来,从精神中来,到教学中去……

20.上课要有底气

中国著名教育学家李镇西曾说:"要给学生一杯水,教师就要有一桶水。"当今社会在不断地进步,生产力在不断地发展,在世界已跨入信息时代的今天,我们必须不断努力掌握大量的科学文化知识,才能适应现代社会的需要。时代呼唤人才,祖国需要人才,我们作为人才的培养者,人类灵魂的工程师,更应该努力提高自身的知识水平和理论水平。

做教师要有底气,有底气的教师讲课声音洪亮、充满自信。他总是相信自己这节课的效果非常好,对课堂上的某个环节处理非常独到,是别人不可能想到的,他对自己的上课水平和能力总是赞赏有加,自我鼓励。而没有底气的老师,讲课总是不自信的,这种不自信时间久了,就会传染给学生,让学生觉得这节课自己没有任何收获,什么也没学会,那么这节课就实实在在地失败了。

有底气的教师上课精神抖擞、斗志昂扬、才情横溢。他们知识面宽、广征博引,敢于让学生提出问题,敢于在学生面前说"我对这个问题有待于研究或者查阅资料",老师也不是万能的,这是有"底气"的基础和要求。

那么,教师怎样表现得有"底气"呢? 主要是语言的逻辑性,知识的体系性,还有语调、语速的搭配,要有平缓,有高潮,有节奏。有的老师不是知识面窄,而是不会组织知识,不能灵活运用到课堂中,站到讲台上会使学生心里产生压抑感,说白了,就是听他讲课憋得慌,心里堵得慌,讲完一节课,学生要长出一口气,有替他放下包袱的感觉;有的老师声音很小,学生根本听不清,这是没底气的主要表现;还有的教师爱说半截话,前半截听懂了,学生正等着听你下半截的意思,却没有下文了,学生感到意犹未尽;还有的老师,说话"口头禅"很多,比如"哎""是不是",这也是上课没有底气的表现。

教师的底气来自于平时多读书,读书能积淀教师的底气,可以提升教师的智慧,可以丰富教师的底蕴,可以增长教师的学养,可以开拓教师的视野;教师的底气来自于对教学实践的自觉反思,教师必须自觉反思自己的教学实践,必须以研究者的姿态对待自己的教育教学活动;教师的底气来自于充分的课前教学准备,教师要深入研究、熟练掌握教材内容,每节课都要对教材充分感知、细致规划,做到心中有数。学生是教学的主体,"备学生"是做到上课心中有数,看学生的整体素质、知识水平、个别差异等。教法是课堂效率的主要环节,从导入到结束,教师都要精心设计,遇到困难教师要有应变能力,随时补充与修订,要灵活运用教法。

21.精彩课堂来源于细节

"一叶落而知天下秋。"寻常物往往是大千世界的缩影,无限常常就藏在有限的细节之中。同样,教师的教学是由课堂细节构成的,教学细节看似平常,但平常中蕴含智慧;看似简单,但简单中孕育深刻。精彩教学源自于细节。

作家魏巍在《我的老师》一文中,回忆自己少年时的老师蔡芸芝时,这样写道:"她从来不打骂我们。仅仅有一次,她的教鞭好像要落下来,我用石板一迎,教鞭轻轻地敲在石板边上,大伙儿笑了,她也笑了。"透过孩子的眼光,不难看出教鞭轻落的背后是蔡芸芝老师对孩子无尽的爱。正是这些平常而不起眼的细节深深影响了孩提时代的魏巍,以至数十年后他仍记忆犹新。与此相反,课堂上若学生回答老师的提问,由于紧张而词不达意、结结巴巴,有的教师不是去鼓励学生,而是不耐烦地打断学生的回答或另外找人来回答,其结果只会使学生回答问题的主动性、积极性逐渐消失,最终对教师所教的学科产生厌烦心理,因为细节已经告诉学生一个错误信息:在课堂上自己是不能犯错的。

今天,新课程的理念已经无数次被复述、传递。具体到课堂上,如果教师在教学细节上没有彻底改变,课程改革终究是一句空话。因此,分析、反思日常的教学细节,在看似"应该""正常"的地方,在有意无意忽视或漠视的地方,从课前教学目标的设定到课上学生的一颦一蹙,教师都应该投入自己的关注,努力避免非教育和反教育现象的发生。如果教师能够关注这些细节,处理好这些细节,你的课堂一定会充满魅力。

我常常沉醉于名师们精彩的课堂教学之中,细细回味,才发觉最令自己感动的、最值得回味的就是细节,而不是课堂的全部。这是因为教学上的细节是教师最无意的行为反映出来的内心深处的情感,是不需要思考的行为反映出来的最真实的思想,是一个人习惯性的行为反映出来的素养。精妙的教学细节将成为教学的闪光点,成为学生思维的开启点,成为教学难点的破解点,成为学习习惯的矫正点以及素质培养的落脚点。

22.上课要有激情

什么是激情？在《现代汉语词典》中,对"激情"的解释是:"激情指强烈激动的情感。"教师在教学中正是需要这样一种强烈的情感,释放我们炽烈的热情,感染我们的学生。

心理学研究表明:激情是一种强烈而短促的精神状态。在课堂教学中,学生有了激情参与,才有认知的渴望,才有表达的欲望,才有智慧的灵动,才有独特和感悟的体验。

德国教育家第斯多惠在《德国教师培养指南》中说:"教学的艺术不在于传授的本领,而在于激励、唤醒、鼓舞。"而没有激情怎么能唤醒沉睡的人,没有激情怎么能鼓舞人呢？只有激情才能产生激情。

教育需要激情。因为教育是心灵的对话,是心心相印的社会活动,需要以心激心,以情感情。缺乏激情的教育只能是一潭死水,也不会培养出具有激情的人才。

教师需要激情。因为激情可以调动学生的热情,激活课堂气氛,提高教学和学习的效率,使学生对你所教的学科产生浓厚的兴趣。以教师投入课堂教学展现的激情,感召学生学习的渴求之情;以教师用心对教育事业的追求,激发学生终身学习的热情。

激情,它使我们如湖水般平静的课堂多了几道波纹,也使我们平凡的人生增添了几抹光彩。美国学者威伍在《激情,成就一个教师》中就有这样一段精彩的话:

"想要教好的教师可能在大多数情况下都是志向更高和激情奔放的。伟大至少一部分出自天赋,这是无法传播的。然而,伟大的教师一定是激情的教师。"

教师没有激情,就不能激发学生的激情;课堂上没有激情,就不会有创新,就不会取得令人满意的效果。那么教师怎样使自己充满激情呢?

☆ **充分备课,保证激情**

备好课是一种态度,态度就是一种能力。课前进行充分准备才能保证教师在课堂上张弛有度、挥洒自如,才能让课堂激情飞扬。

☆ **精思巧问,进出激情**

新课程改革使课堂教学有了显著变化,其重要标志之一就是课堂上老师的提问更开放,学生的思维空间更广阔,对话式的教学模式被强化了。精思巧问的魅力在于它能使教师的激情四溢,辐射到每一个学生的身上。

教育因生命而美丽,上课因激情而精彩。

23.锤炼你的课堂语言

语言是教学思想的直接体现,是教师使用最广泛、最基本的信息载体。课堂教学过程就是知识的传递过程。在整个课堂教学过程中,知识的传递、学生接受知识情况的反馈、师生间的情感交流等,都必须依靠语言。教师的语言表达方式和质量直接影响着学生对知识的接受程度,教师语言的情感引发着学生的情感,所以说教师的语言艺术是课堂教学艺术的核心。课堂教学的语言艺术基本上体现在下述几个方面。

☆ 教学语言要准确规范,严谨简约

教师对定义、定理的叙述要准确,不应使学生发生疑问和误解。严谨,除了要有准确性之外,还应有规范化的要求,如吐字清晰、读句分明、坚持用普通话教学等。简约,就是教学语言要干净利索,语句不冗长,要抓住重点,简洁概括,有的放矢;要根据不同学生的年龄特点,使用他们容易接受和理解的话语;要准确无误,不绕圈子,用最短的时间传递最大量的信息。有的教师"口头禅"太多,分散了学生的注意力,破坏了教学语言的连贯和流畅,甚至发生了学生上课时专门统计教师说"口头禅"的次数的事情,语言重复,拖泥带水,浪费了有限的课堂时间,影响了学生表现自己的积极性。

☆ 教学语言要形象有趣,通俗易懂

教学语言既非书面用语,又非口头用语,要通俗明白,使学生听得有滋有味,教师应该使抽象的概念具体化,使深奥的知识明朗化。

首先,要用形象化语言去解释抽象的概念。其次,要精心锤炼描述性的语言,把学生带入美的意境。

☆ **教学语言要幽默风趣,比喻恰当**

幽默是一种较高的语言境界,它富有情趣,意味深长。

值得一提的是,运用幽默语言时,应该注意将幽默与无聊的插科打诨和耍贫嘴区别开来,不能人为地穿插一些与教学无关的笑料,不可滥用幽默讽刺挖苦学生,因为不管幽默批评多么高明,都难免带有讽刺意味,如果有意或无意地贬损了学生人格,挫伤了学生的自尊,那就会产生极大的负面效应。

事实上,教师的课堂语言艺术多种多样,语言艺术既体现了教师的教学能力,又和教学效果的好坏紧密相连。教师应该按照素质教育的要求,在教学实践中不断探索,不断总结,不断完善自己的教学语言,达到教学语言的科学性、艺术性的辩证统一。若如此,我们的教学水平自然就会得以提高。

24.丰富你的课堂表情

课余时间,时常可以听到学生讨论老师的授课,看到有学生模仿老师的神情动作。毫无疑问,优雅有趣的表情动作吸引着学生去体会、去揣摩老师的教学内容,对于学生的发展具有极为重要的意义。

教师不仅要通过抑扬顿挫的语调、活

第二章 关于课堂教学

泼激情的语言氛围来表达课文内容的丰富情感,更要借助手势、表情、技能等教学表情动作来表达一般语言所难以达到的效果。

如何才能用好表情动作呢?首先要捕捉使用表情动作的时机,增强记忆的直观性。

从教师走入教室的一刹那开始,教学的气氛就开始形成,为了加深学生对内容的理解,增强学生的记忆,就需要靠一些手势和姿态来辅助。课前使用表情动作是使课堂情趣盎然的有效手段。但有一些教师认为表情动作可有可无,因而放任自流。有的教师一上讲台就呆在那里,一站到底,或两手扶案,只见嘴动,没有手势也没有表情;有的教师一上讲台就来回走动,手舞足蹈,学生的注意力被分散,一堂课下来不知学了些什么。因而我们说表情动作的使用就如炒菜时放盐一样,既要适当又要精当。

表情动作使用的时机主要表现在三个方面:

一是肯定或否定某件事时,一般采用点头或摇头的方式。如学生回答问题时,正确的教师用点头和微笑来加以赞扬和肯定,回答得不好的教师也要肯定其中积极的方面,不足之处让学生向他人求助,这样才不至于打消学生的积极性。

二是为了突出重点、加深理解时。如《狼牙山五壮士》中"诱敌上山"部分,五位战士打击敌人时各有各的神态,老师可用示范动作的形式让学生加强领会。

三是在解决难点、增强效果时。如在学习白居易的诗句"一道残阳铺水中"时,可以用手势为学生比画"照""射""铺"的动作。学生领会到"照"像镜子反光一样,"射"是一种光线的投入动作,而"铺"字不仅写出了夕阳的轻柔,而且强调是贴着地平线盖上来的,对于学生领会全诗的意境有着重要帮助。只有这样,方能发挥出表情动作的巧妙作用。

教师在课堂上的非语言行为同语言行为是一个整体,它的作用只有同语言行为结合起来才能充分发挥。非语言行为的研究为改进课堂教学提供了一条有效的途径,为教学法研究开辟了一个新的领域,随着对教学的要求不断提高,这方面研究的意义将日益明显。广大教师一旦认识到非语言行为的作用,熟练掌握举止、神态、语言,教学质量肯定会有新的提高。

25.要控制好课堂的"活"

在新一轮的课程改革中,特别强调教师要尊重学生、了解学生,充分发展学生独特的思维个性。因此,教师要真正地俯下身子来倾听学生,一改往日统一规划的老做法,赞扬个性化,还学生一个丰富多彩的童年。于是课堂上出现了与以往截然不同的情景:孩子们再也不用规规矩矩地坐在自己的座位上两手放平了,井然有序的发言顺序变成了迫不及待的抢答,安静的教室里人声鼎沸……面对这样热闹的场面,有的听课者大加赞许:学生们有了自己的思想,恢复了最本色的一面,再也不是老师们手中的牵线木偶了,课堂活了起来。有的听课者直摇头:讨论时总是跑题,大多数人只急于表达自己而不愿意倾听,没有秩序的课堂就是混乱的课堂。那么,到底什么样的课堂才是活的课堂,怎样的课堂才是乱的课堂呢?如何真正做到课堂活而不乱?

有专家指出:"评价课堂教学乱不乱,要看学生的注意力,如果学生把注意力集中在学习上,形散神不散,这样的课堂教学就不能叫乱;如果学生没把注意力集中在学习上,形散神又散,这样的课堂教学就叫乱。"在一个没有秩序的课堂上,我们看到了孩子们不顾他人地表达自己,在混乱中多条信息同时到来,有的孩子不知道该先听取哪些信息而放弃了学习;相反,在一个有秩序的课堂上,我们真切地感受到孩子们学会了倾听,学会了尊重,注意力明显集中,学习有较强的目标性。所以,形式上有秩序而内容上突显个性、追求思维发展的课堂才是我们真正想要的课堂。

26.课堂需要好好梳理

课堂是教师演绎人生的舞台,是教师成长的生命绿洲,更是教师展现教育智慧的平台。教育是艺术、是追求,需要用教师智慧来表现,教师智慧正是教师在处理日常教育问题时所表现出来的技巧和艺术所在。作为教师,应该时刻研究课堂,梳理课堂,精心打磨每一节课,醉心锤炼每一句话,让课堂因生动而更精彩,让教育的智慧尽情构建充满活力和激情的温馨课堂。

用研究的视角梳理课堂,课前多用教学预案,课中多问教学细节,课后通过撰写教学后记、教学案例等形式,从课堂的外显行为中探索到内隐的思想,以促进我们的专业发展,使我们形成读书学习与反思的习惯,学习与思考新课程、新理念。优秀教师为什么能成长得那么快,正是因为他们在每节课后都进行了深刻反思,经常去梳理自己的课堂。

课堂梳理也是一门艺术，教师经常梳理自己的课堂，既是学生的需要，也是教师自我成长的迫切需要，主要在以下三个环节上下功夫。

☆ **课前梳理目标**

传统的"听课、说课、评课"教研模式都是在教研员或学校教研组长的主持下进行的，"听课者"总以旁观者的身份进入课堂，既没有与学生发生直接的关系，也没有授课教师那样的紧张不安。一般来说，如果没有对授课者作出评价的任务，大多数听课者是不会在课前设定观察目标的，最多把授课者的板书抄一遍。实施"梳理"策略后，要求每位听课者从不同的角度去发现问题，这就迫使教师在听课前要预设一些"有效教学"的标准，然后才有可能在课堂观察中感觉到授课者在教学活动中"好"与"不好"的地方。

☆ **课中梳理细节**

传统的"听课、说课、评课"教研模式的另一个特点，就是过分地关注教师的"教"，课后交流和反思的内容也多为教学目标是否达成、教学任务是否完成、重点是否突出、难点是否突破等方面，而学生的"学"却没有引起足够的重视，课堂评价的结果往往是"你好，我好，大家好"，上课的教师讲得顺畅，听课的教师听得舒服。实施"梳理"策略，要求听课教师在每堂课中至少追问一个教学细节，这就迫使教师思考课堂上每一种教学行为的价值到底在哪里，其背后有什么深远的意义。

☆ **课后梳理思想**

传统的"听课、说课、评课"教研模式还有一个特点，就是只对一堂课或一节课的内容进行研讨,评课也只局限于对教学行为的评价上,虽能解决教学中一些零碎的问题,但没能追溯到内隐的教学理念。而实施了"梳课"策略后,要求教师从课堂的外显行为探究到内隐的教学思想,把问题转化成课题是教师梳理课堂的必经之路。为了对问题有一个系统的研究,教师们每学期都有一个观察的重点,有的记录授课教师的提问,有的记录学生活动的次数,有的记录学生回答问题的类型,也有的记录实验或教学媒体使用的方式,等等,不断地积累问题,为课题研究作准备。

27.课堂教学要追求简约

所谓简约课堂。就是在教学设计与实践过程中的高度概括性的课堂,这种概括性不是一般意义上的简单、空洞,而是以简洁、清晰、精炼、完美的外在形式具体地表达丰富的思想内涵。它不仅表现在形式上的简洁与明了,更体现在内容与方法上的丰富与深刻,即内容的言简意赅,教学方法与思维训练的深入浅出、通俗易懂、简缩深刻。

简约课堂教学内容求"精",简约课堂教学环节求"简",简约课堂教学方法求"活",简约课堂练习设计有"度"。

课堂教学作为教师向学生传递人类基本价值理念的平台,理应体现、发扬、崇尚以学生为本的理念,教师与学生应该过一种简约、轻松而深刻、自由的精神生活,而不是目前许多教师理解的缺少学科特征的肤浅式快乐生活。这也是由教育的本质特点决定的:教育的最大价值所在正是发展学生的认知和思维能力,学生只有体验到思考带来的愉悦才会真正感到快乐。

简约课堂是教育本性的表征,因为教育的作用就是完成人类发展成果的个体继承,这本身就是历史的简化。简化是教育的本质规定,贯穿教育过程始终,这就表明教育固有艺术化的需要。教育的简化,是学习可以成为审美享受的重要根据,因为最大的简化性和足够的刺激性,是人类审美永远的矛盾要求。教育的简化有三级水平:一是教育内容的简化;二是教育基本方法的简化;三是教育过程细节的简化。这就要求教育者优化教育的内容,考虑学习者单位时间内的记忆特点、识记能力等因素,浓缩大量的学习材料,方便学习者对教学内容与结构的理解,减轻学习者记忆的负担;要求教育者课堂用语要简练,争取没有"口头禅",避免不必要的重复练习……

其实,简约并不是简单意义上的"减法",而是来源于教师独特的匠心。简单是一种教学中的大气度、大智慧!它来源于教师对学生真切的、真诚的、真实的爱,来源于教师丰厚的修养和教学艺术,来源于教师对教学生活的深刻认识。只有在简约的课堂中我们才能给孩子更多的时间、更大的空间,才能给自己更多的释放,把自己从繁琐的教学步骤中解脱出来,让我们在课堂中有"闲暇"去琢磨孩子们的所思所想。

28.让我们的课堂教学更有效

何谓理想的课堂教学?

其实,理想的课堂教学可以用"有效"两个字来概括。教师有效的课前准备能在课堂中起到决定性的作用,因为充分、深刻地理解了教材的重点、难点,全面分析了学生的学习实际和学习需求,前瞻性地想到教学中可能出现的种种突发状况,等等。也可以简单地说,备课不是形式,备课确实是为了上好课。教师做好这样的准备才能有效地增进课堂教学的效果。

教师是课堂的导演,合理安排教学时间,设计好教学的框架很重要,这就要求教师有一定的科学思考能力,如何在学生状态最佳的时候安排相应的活动,掌握一些科学性的规律便会把好课堂教学的命脉,才能将课堂教学推向新的高度,所以教学的组织决定了课堂教学的成败。

教学的进程中,学生应该是积极的行动者,有效的课堂必然有着思维活跃的学生群体。因此,随着新知识的出现和对新知识的理解,接踵而来的是相应的思考,思考便会产生争辩,这样的效果也许不是教师所预想的,但看到这样的场面是可喜的。遇到这样的情况,教师便可以是一个支持者和参与者,从而创设更浓烈的氛围与学生一起探索。只要学生争辩的问题是紧扣中心的,也就证明了我们的课堂教学是有效的,就能有效地激活学生的思维,并能提升思维的质量,这就是课堂教学有效的真正表现。

课堂上的教学方法多种多样,手段不尽相同,但有效的教学应该是教师追寻的目标。与生活实际的结合、对学生进行启发性的提问、指导学生的解答策略都是很好的方法。那么,我们在具体的课堂教学中应注意什么呢?

☆ 要关注学生的个人知识和直接经验

教师在课前教学准备时要注意学生已有的经验,安排教学内容时要注意联系实际,活动选材时要注意应用于生活。教师要通过丰富多彩的活动,使学生获得愉悦的学习体验。

☆ 学习不仅要包括一些现成结果,还要包括这些结果的形成过程

教师在进行实验教材的教学时就应注意让学生通过这个过程,即理解一个问题是怎样提出来的、一个概念是怎样形成的、一个结论是怎样获得和应用的,通过这个过程学习和应用。

在教学中让学生经历从现实中发现并提出问题,然后解决问题的过程,不仅是培养学生解决问题能力的重要途径,而且也有利于学生逐步获得思考的方法。

☆ 教学活动应当是一个生动活泼的、主动的和富有个性的过程

教学活动应当赋予学生以最多的思考、动手和交流的机会,而与此相伴的是教师的角色要做出改变。

教师角色转变的重心在于转变传统意义上的教师教和学生学,不断让位于师生互教互学,彼此形成一个真正的"学习共同体"。教师的作用要特别体现在学生思考和寻找眼前的问题与自己已有的知识体验之间的联系上,在于提供把学生置于问题情境之中的机

第二章 关于课堂教学

会,在于营造一个激励探索和理解的气氛,在于为学生提供有启发性的讨论模式。

29.要形成自己的教学风格

教师必须要形成自己的教学风格。教学风格是教师教学成熟的标志,没有教学风格就无所谓教学的成熟。我们在评价某位老师上课上得好时,往往会说这位老师上课具有自己的教学风格,由此可见,教学风格应是好的教学必备的条件,其实这也是教师达到某种教学境界后自然形成的一种模式,具有标志性和招牌性。

教学风格应是一种有共性但又独特的风格。这种共性应该有如下表现:教态自然大方,教学语言生动准确,积极引导学生,课堂师生互动活跃,教学设计思路清晰,教学过程层次分明,板书设计科学合理,教学效果良好,教学质量良好。这些特性是教师普遍被要求做到的,这就是教师在教学上必须达到的标准或格局。作为具有教学风格的教师更应该具有这些特性,这是一个基本条件,否则,教师就不可能有真正意义上的教学风格。

但是,教学风格更应该是一种独特的风格。这种独特的风格是这位教师自身具备而其他教师所没有的,具有单独性,这种单独性在教学上有优异的表现,能够确保优秀的教学质量和教学效果,这就是独特的教学风格。但要想形成独特的教学风格,并不是一件很容易的事,它需要教师经历很多的锻炼,在磨练中探索,在探索中总结经验,然后对经验加以发扬,才能形成自己独特的教学风格。要

达到这样的目的,教师可以从以下几个方面去努力:

1. 努力学习科学文化知识,铸造自身深厚的文化功底,具备广博的文化知识,拓宽自己的文化视野。

2. 努力钻研业务知识,深入整合教材知识,认真研究课题、课标,不断提高自己的综合素质和整体能力。

3. 深入学情研究,结合学生的实际情况,有目的性、因地制宜地整合教材知识,使教材服务于学生,使教学服务于学生,使老师服务于学生。只有深入了解学生的老师,才能在授课过程中做到生动、有趣、科学、创新,才会调动学生学习的主动性,才能得到学生的认同,才会表现自己的教学风格。

4. 善于取长补短。首先要审视自己的短处,努力去克服不足,然后善于发现自己的闪光点,向有丰富经验的教师学习,向自己赞赏的教学风格学习,甚至向自己出众的学生学习,只有不断地吸取他们的长处,将其变成自己的长处并加以发挥,才能在探讨中逐步形成自己独特的教学风格。

30.上好课,功夫在课外

艾青说过:"有的人写诗像在画符咒;有的人写诗像在挤脓;有的人写诗像屙痢疾。"他形象地批评了一些人写诗无病呻吟,矫揉造作,故弄玄虚,甚至令人作呕的现象。艾青批评的这些所谓的诗人似乎也在绞尽脑汁写好诗,他们只是不懂得陆游所说的"汝果欲学诗,工夫在诗外"罢了。

我们教师都在追求自己的课堂堂精品,节节优质;都想在上课时游刃有余,炉火纯青,让学生如坐春风,如沐甘露,醍醐灌顶。套用陆放翁的话,就是"汝果欲上好课,工夫在课外"。今天,我们欲求上出高质量、高品位的课,亦当体味到"工夫在课外"的深刻道理。这就需要我们自觉摒弃那种"现炒现卖"的备课方式,踏踏实实,注重平时的一点一滴的积累。积土成山,积水成渊。只有不懈地钻研教育教学理论,及时捕捉各种教育信息,掌握先进、科学的教育方法,不断更新自己的知识,并能博采众长,为我所用,我们才能真正上活、上好每一节课,我们的工作也才有可能立于不败之地。我曾经在一份教育刊物上读过这样一则报道:某地一所学校特地从外地邀请到了一位名师到校给教师上示范课。这位教师在事先不熟悉学生状况、未被告知教材内容的情况下,对授课内容稍作准备便从容地走上了讲台。一堂课下来,听者动容。赞叹之余,有人问起这堂课到底准备了多长时间,这位年过半百的长者慨然答道:"可以说我只准备了十几分钟,也可以说我一生都在准备着上好每一节课。"这与东坡先生所说的"博观而约取,厚积而薄发"的观点不谋而合。只有用上"一生"的积累,我们的课才能备起来轻松,讲起来生动,听起来受用,而不至于沦为"教参"与"标准答案"的"传声筒"。

苏霍姆林斯基说过:"如果没有深刻的知识就谈不上教育素养。"国际公认的力学和应用数学权威、外籍华裔老科学家林家翘教授对我国的高等教育甚为不满,认为我们的学生过早、过细地分科,影响了人才的全面发展。小学是基础教育,更要鼓励学生全面发展。其中,教师的引导很重要。试想,倘若教师对天文地理知之甚少,对琴棋书画一窍不通,古今中外名著从不涉猎,难以想象他能有多宽的教学设计思路,课堂上能有多少教学智慧。过去小学教师被称作"万金油",现在我们就需要"专业+万金油"老师。只有在"课外"博览群书,培养自己广泛的兴趣爱好,才能奢谈"在'发展学生'的同时'发展教师'"。

学无止境,教亦无疆。庄子云:"水之积也不厚,则其负大舟也无力……风之积也不厚,则其负大翼也无力。"作为人类文明的传递者,我们的使命正是要托起祖国未来的巨轮、民族腾飞的翅膀,这就需要我们时时注意自己知识的"厚积",对有利于教育教学工作的学问处处留心,兼收并蓄。

第二章 关于课堂教学

第三章　关于教学规划

　　教学是一项非常复杂的工作，要在有限的时间内完成一定的教学任务，就必须进行精心的安排和周密的计划。如果教学无计划或计划性不强，教学工作就会有很大的盲目性和随意性，提高教学质量则将成为一句空话。

31.学会规划自己

做事没有计划、没有条理的人,无论从事哪一行都不可能取得优异成绩。一个在商界颇有名气的经纪人把"做事没有条理"列为许多公司失败的一个重要原因。

事实上,做事有计划对一个人来说,不仅是一种做事的习惯,更重要的是反映了他的做事态度,是能取得成就的重要因素。

教师的工作十分忙碌:课要备,各种活动要搞,作业要批,后进生要辅导,各种材料要做,加上许多临时性的工作,整天忙忙碌碌,放下了这边的活,那边还有事情等着……忙得团团转,似乎总有做不完的事情。

但有的时候,教师虽在忙碌但效率却很低,大多数情况下是心里忙乱:做着这件事情,想着其他事情,总觉得有好多事情要做;每件事都想做,每件事都无法认真做好。那么,与其做不好每一件事,还不如静下心来,认真去做一件事。做每件事都要知道先做什么,后做什么。

这是一个良好的习惯,并且也是一种考虑问题的逻辑和方法。在遇事时,一定要保持清醒的头脑,不能自乱阵脚。先把问题分析清楚,没有必要快速给出结论和答复,有条件的话先找一个地方,让自己静一静。把握事情的根源,有条有理,才能各个击破。

俗话说，一日之计在于晨。教师早晨到校后，先不要忙于工作，想一想今天需要做什么，昨天还有哪些事情没完成，由此形成今天的工作计划，按计划有条不紊地做好每一件事情，分清轻重缓急，哪些要先做，哪些可以缓一缓，这样就不至于忙乱，甚至还会有时间活动一下。每天放学后，回顾这一天做的事情，哪些做好了，哪些需要明天补救，以便更好地完成每一件事。

从长远来说，教师应该在学期初就对新学期的班级工作进行深入思考，结合学校的要求，制订详细计划，从常规管理、特色活动等方面确定班级新学期奋斗目标及每月、每周，甚至每天的教育活动内容。一旦遇到特殊情况，如上级下达了一个新任务、班上出现了一个新情况、学到了一个新思想，班级计划就要及时调整，在原有的教育活动栏目中增加新内容，不断丰富计划，使计划变得可操作。有的时候工作的好坏并不在于你有多大的热情，而在于你如何有效地面对，得心应手地去处理每一件事情。

教师的工作不是由时间控制的，很少能在八小时之内完成，多数教师在下班之后仍要做学生思想工作、与家长电话交流、家访，很多白天不能马上解决的问题还得带回家思考，无形之中延长了办公时间。教师本着高度的责任心和使命感，凭着敏锐的观察力，抓住各种机会教育学生，这本是值得称赞的事。然而，忙得焦头烂额，效果却不见得令人满意。究其原因，教师没有将工作分个轻重缓急，眉毛胡子一把抓，没有重点，不分主次，当然很难出成绩。教师不能忘记帕累拖定律，即 80/20。没有一项工作是 100% 的付出能得到 100% 的回报，多数成绩是由 80% 的工作决定的，可能只需 20% 的时间和精力。

　　教师只有制订好周密的工作计划,才能有步骤地把学校的教育计划落实到班级,使学校培养目标具体化、阶段化,以保证学生的健康成长。制订工作计划有利于教师对自己的工作进行检查和督促。教师对工作进行经常性的督促和检查是提高工作质量的有效途径之一。要做到这一点其实很简单:

　　1. 使用一个工作计划笔记本,在每天快下班时,记下第二天要做的事情,形成一个小的计划;

　　2. 在第二天早上开始工作时,看一下昨天制订的计划,看看今天是否有需要调整的内容;

　　3. 将发生的事务分门别类归档,将经常性事务归档建立文件档案,将偶尔发生的事务建立文件夹;

　　4. 偶尔发生却很特殊或者很重要的事情要专门建立一个档案,详细记录发生的前因后果。

32.要明白教学工作的艰难

　　人们普遍有这样一种根深蒂固的误解:"教师的工作太轻松了。"一天只需工作几小时,双休日休息,一年有好几个节日,还能享受长长的假期,何等的轻松惬意! 这样说的人肯定没有当过教师。事实上,教师是世界上难度最大的职业之一;但是毫无疑问,也是世界上最伟大、回报最大的职业之一。

　　遗憾的是,很多刚入行的新教师,对教师所需付出的努力缺少了解。得知自己要批改作业,要安排时间,要学习如何有效地教学

第三章 关于教学规划

和管理班级,还需要拥有极大的耐心、同情心和包容心,需要扮演多重角色,以及应付学生们带到学校的各种各样的问题后,他们往往毫无准备,大吃一惊。

请记住,教书育人需要努力和付出。有时候这条路相当崎岖不平,你可能会不停地摔跟头,甚至还可能流血。但是一定要明白,付出最多的也是回报最多的。教书育人带给你的收获,远远超过你的付出。第一次让一个孩子露出微笑的时候,第一次得到一个汗津津的拥抱的时候,第一次用衣袖擦干学生眼泪的时候,第一次打开一个层层叠叠的包裹,看到一件礼物的时候,还有在你亲眼看到学生取得或大或小的成就的时候,或者你教的那些孩子们正在付出努力的时候,你就会切身地明白这一点。

33.要有明确的教学目的

一堂课有无明确的教学目的无疑是衡量一节课成功与否的关键之一。

"今天你在学校里学到了什么?"孩子放学回家,很多父母都会这样问。"什么也没学到。"大部分的孩子这么答。"那你这一天都干了些什么?""噢,抄了很多东西,读了几个故事,还读了一篇课文,然后又回答后面的问题,填了许多无聊透顶的表格。"好了,我们已经知道他们做了些什么,但他们到底学到了什么? 还是一片模糊。因此,这里我们必须提个问题:"这位老师让学生完成了这么多任务,那么每节课他都有明确的目标吗? 这些目标他告诉学生们了吗?"

　　想象一下你要去度假却没有目的地,那你怎么收拾行装?再想象一下一位外科大夫走进了手术室,却不知道要做什么手术:"让我先来给他开一刀,检查检查再看看是什么疾病。"或者你也可以把自己想象成这位病人,知道自己要做手术,却不知道自己得了什么病。这听起来很荒谬,对不对?如果学生们不知道自己能学到什么,同样是件荒谬的事情。

　　向学生简单陈述一下本节课的教学目的,可以帮助他们进一步明确自己到底应该学些什么。经常看到有些老师让学生读课文,读完了再回答后面的问题。学生们不情愿地开始,也不知道自己为什么要这样做。如果有学生提问:"为什么要这样做呢?"这是个好现象,它就像是一面红旗,提醒我们不要忘记向学生陈述这节课的教学目的。

　　毫无疑问,作为一名老师,每节课我们都需要在教案中写出明确而又合理的教学目的。但是这还远远不够，我们还必须要向学生说明。每节课开始的时候，我们都要告诉他们："猜猜看，在今天的课上能学到什么？好吧，让我来告诉你们。"只有这样做，我们才会知道自己要教什么，学生们才会知道要学什么。

34.制订教学计划

教学是一项非常复杂的工作，要在有限的时间内完成一定的教学任务，就必须进行精心的安排和周密的计划。如果教学无计划或计划性不强，教学工作就会有很大的盲目性和随意性，提高教学质量将成为一句空话。因此，每位教师都应当认真负责地制订好教学计划。

教学计划是完成教学任务的具体实施方案，通常包括学期教学计划、单元(或课题)教学计划、课时教学计划(简称教案)。

制订教学计划，要在熟悉本学科教学大纲和教材、了解学生学习情况的基础上，再根据学校与教研组的工作计划要求和学校的具体条件进行制订。只有这样，才能制订出符合实际并切实可行的教学计划。

☆ **学期教学计划**

学期教学计划是指对一个学期的教学内容作一个总

体安排,使教学工作能有计划、有目的地进行。学期教学计划一般应在学期开始前制订好,最迟也应在开学一周内完成。教师在寒暑假期间就应开始为学期教学计划的制订做好准备工作(也叫学期备课),如钻研教学大纲、通读教材、了解学生情况及学校的具体条件等。不要等到开学初才匆忙准备,因为开学初工作特别多,会影响教学计划制订的质量。

☆ 单元教学计划

单元教学计划指的是各册教材中一章(大单元)、一节(小单元)或一组课文的教学安排。各科教材都是根据本学科教学内容的特点,由若干个单元(或课题)所组成的。教师拟出学期教学计划后,在单元教学之前还要认真制订好单元教学计划。单元教学计划内容应包含本章节教学的主要内容、教学目的与要求、教材的重难点及教学注意点、采用的教学方式与方法、教具准备、教学时数的安排等。

根据以上要求,教学计划制订完备后,还要送交学校或教研组审查批准以后才能执行。在执行过程中需要对计划做必要的调整时,也应向学校或教研组汇报,教师个人不得擅自变更教学计划。一个阶段、一个学期结束时,要对教学计划执行情况进行对照检查,总结得失,有利于今后教学及计划的制订。

35.精心备课

备好课是上好课的前提。教师为了提高教学质量,在抓备课这一环节时,要注意教学内容的综合性,教学方法的灵活性,练习的多样性,力争做到心中有教材、心中有学生、心中有教法、心中有目标。

☆ **备教材**

备教材即认真钻研教材,包括钻研教学大纲、教材和教学参考书,了解本学科课程的教学目的、任务和要求,了解教材的结构体系及其与前后课程的关系,明确教材的重点、难点,在此基础上根据课时安排、学生情况和设备情况等精选教学内容,编写学期教学计划。

备教材是备课的前期基本工作。教师通过钻研教材要把课程内容所涉及的基本理论、基本概念理解准确和透彻;重要公式的推导过程要清楚熟练;掌握教材的重点,找准教材的难点;掌握教材内在的知识体系结构和思维逻辑关系;同时广泛阅读相关教学参考书和资料,从优取舍教学要点、方法和案例、例题;等等。另外,还要注意搜集与教材内容相关的国内外最前沿的研究成果(尤其是专业课),及时删除、纠正过时或有错的内容,增补最新的信息。

☆ **备学生**

备学生是尽量了解学生的实际,有的放矢地进行教学。内容包括了解学生的思想、情绪、知识和能力基础、思维特点和思维水平、学习方法、爱好和对教学的期望等,依据教学大纲的要求和照顾大多数的原则,确定教学的重点和难点,同时考虑相应的教学措施,做到因材施教。

教师应做到"以人为本",以学生的学为本,在考虑教学内容、教学策略的时候要"随机应变",精心设计、调整、修正,使之更适合学生的知识水平和能力结构。这样的备课才是有效的。

☆ 备教法

备教法就是选择恰当的教学方法以实现教学目标。恰当的教学方法符合学生的认知规律,使学生可以接受,最终实现预期的教学目标并收到好的教学效果。

教学方法多种多样,常用的有启发式、讨论式、研究型、模拟式、讲练结合式等多种形式,还包括课堂讲授的组织和设计等方法。但不论哪种方法,都应该把教学过程中教师的主导作用、学生接收知识的主体地位充分体现出来,表现教学的主动性、活跃性和创造性,有效地培养学生的创新能力和理论及技术应用能力,以最灵活机动的方式突出重点、突破难点、设疑点、析异点、体现特点,实现最佳的教学效果,达到教学目标。

☆ 备习题

习题,是学生掌握知识的必经途径,是学生对新学知识深度、广度进一步拓展和解决实际问题的起点。习题设定也是教师备课的重要组成部分。

备习题,教师应结合教材,统筹安排,不一定都选取教材上现成的习题,也可以自编习题。习题一定要做到精选,要有针对性,这是教学目标的最好体现,同时体现能力和技能的培养。习题不论哪些类型,不论难易程度,教师都必须认真做一遍,甚至每一题有几种解法都必须心中有数。解题中哪些是关键,哪些易出问题,要记下来分析,在课堂上给予讲评或纠正。

师者知在先,好的备课不仅是备教材、备学生、备教法、备习题,更重要的是备教艺,备属于自己的科学的、先进的、有特色的教育教学理念。这些工作需要我们用毕生的精力去完成,用一生的时间去用心备课。

36.精心准备,井井有条

凡事有条有理并不是一门与生俱来或者可以轻易掌握的技巧。但是,如果你想成为一名优秀的教师,还必须得掌握它不可。首先,一间井然有序的教室可以让人感觉到老师能干且认真,在这样一个环境中,学生们也会认真对待,尊重课堂、尊重老师、遵规守纪、少犯错误。他们也想要,系统的安排,希望自己的老师能够精心备课,将一切都安排好。如果相当熟悉教室里每一样东西的位置——而且他们也全部各归其位,那么,你就会感觉气定神闲。我经常注意到这样一种状况:教室里乱七八糟,老师一边讲课,一边手忙脚乱地到处找自己需要的东西;或者临时安排某项课堂任务让学生完成,这时,学生们就可能会与他一样忙乱不堪。相反,如果在整洁有序的教室里,学生就会井井有条;如果教师精心准备,胸有成竹,学生就可能不会捣乱,从上课到下课,每一分钟的教学都会自然而顺畅。程序明确,环境整洁,所需的资料随手可得,课堂内容一丝不苟,在这样的教室里,学生们自然会心情愉快,乐于投入学习。

现在,让我们来看一个反面的例子:在某教师的课堂上,天哪!教室里到处扔着乱七八糟的东西,地板上杂乱地堆着学生的课本、作业等,课桌横七竖八,就连老师的讲桌都像是刚被龙卷风袭击了一样,"还没来得及扔进垃圾桶"的垃圾充斥了整个教室。再看看老师是怎么讲课的:手忙脚乱,不停地找找这个,找找那个,教案、教材、进程安排好像都玩起了失踪。学生们叽叽喳喳,随便走来走去,有一个还差点被过道上的东西绊了一跤。整整一节课的时间,没有看到任何教或者学的进行,人人不知所措,乱作一团。用一个词语形容,就是"一片混乱"。这时老师很不好意思地开了个玩笑:"清洁工都不愿意进来打扫了,嘿嘿。"无需多想,这位老师需要被指导,其他好心的老师应该来告诉他如何让一切重新有序起来。

想象一下如下的场景:自己好好地走进医生的办公室,却被地上堆的东西绊倒,出来时不得不拄着拐杖。或者进入这样一个法庭:法官找不到自己的木槌,陪审团随意走动,东拉西扯,地板上到处扔着文件,律师们隔一会儿就冲出去,到他们各自的车里寻找落掉的证据。在这样的环境中,你还有胜诉的希望吗?如果到了类似这样的学习环境,学生们的未来可就彻底没戏了。

重复一遍,学生需要温馨、整洁、井然有序的学习环境,他们也希望自己的老师精心准备,让每一堂课都自然流畅,让他们学到丰富的知识。切记:没有哪个孩子的生命可以拿来在一个乱糟糟的学习环境里浪费。

第四章　关于课程指导

　　中小学课程的主要任务是：培养学生的兴趣和意识，让学生了解和掌握基本知识和技能，使学生具有获取信息、传输信息、处理信息和应用信息的能力，教育学生正确认识和理解相关的文化、伦理和社会等问题，培养学生良好的素养，为其适应社会的学习、工作和生活打下必要的基础。

37.要因材施教

因材施教是教育活动的基本原则之一。教师根据学生的学习差异组织教学,是提高学习效率、发展学生个性的有效途径。现有的因材施教形式有按成绩分班、按智力分班、按学习内容分班、双重进度教学、按单元组织教学等。

学习差异是一种普遍存在的现象。"世界上没有两片完全相同的树叶",正因为没有两片完全相同的树叶,世界才变得如此精彩。像世界上的万物都存在差异性和多样性一样,学生群体由于先天的素质和后天所处的文化环境、家庭背景等的不同,也存在着差异性和丰富性,这种差异性和丰富性主要表现在智力类型差异、学习风格差异和个性特征差异上。

针对学生的个别差异因材施教,是每个教师熟知的教学基本原则。因材施教有以下几种主要形式:

☆ **按学生的成绩分班**

有两种做法,其一是保存年级界限,按成绩分班;其二是取消年级界限,完全按照学生的学习成绩灵活编班,又叫不分年级的"连续进度"。

☆ **按学生的智力分班**

把智力相同的学生分在一班,又称"同质班"。其具体方法可按智商分,也可按阅读能力、数学能力等划分。

☆ **按学习的内容分班**

即以学科为单位进行升留级,一个学生有可能语文在 5 年级而数学在 3 年级,学生在某一学科可随时升留级,也可连升两级。

☆ **双重进度的教学**

有两种做法,其一是班级编制不变,在一个班级内分两、三种不同的进度。对一种进度的学生直接教学时,另一种进度的学生自动做作业,再相互更换。其二是"半分班制",即一部分学科按统一编班、统一进步,在原教室学习,另一部分学科按不同进度到另外的班级学习。

☆ **按单元组织教学**

它不按章节顺序甚至会打乱学科界限来组织教学单元,以学生自己独立活动为主,教师仅供咨询与辅导。这种形式将教材分为大小不一的单元,由学生与教师订立学习合同。每个合同有三项内容:学生自己选择要学什么;学习的要求与质量标准;完成后的评分与奖惩等。

以上各种因材施教的方法在教学实践中既有成功的经验,也有失败的教训。赞成者认为它们是尊重学生的个性、承认学生的差异,调动了各层次学生的学习积极性。反对者认为它们拉大了学生的差距,挫伤了部分学生的自信心与学习积极性,教学组织难度大、效率低,等等。因此,在教育实践中,也有两种不同的模式:一是主张减少差异,使程度整齐;二是主张增加差异,以发展才能。

事实上,无论采取何种教学方式,不考虑学生学习的差异总是难以取得成功的,面向全体学生与因材施教,始终是教学的两个不可偏废的主题,只有把集体教学与个别指导有机地结合起来,把"全面发展打基础"与"发挥特长育人才"结合起来,把对优等生的培养与对后进生的帮助结合起来,使每个学生扬起希望的风帆,使每个学生树起个性的旗帜,才能达到教育的理想境界。

38.正确对待学生的错误

第四章 关于课程指导

不少教师在批评学生时,会遇到学生的顶撞与反抗,很多老师对此难以理解。为什么会出现这种情况呢? 这是因为学生犯了错误后,他的防范心理特别强,就像一座防御坚固的堡垒。教师如果不好好地寻找突破这个堡垒的薄弱点,学生当然听不进你的正确批评。因此,在教育过程中,教师只有尊重学生、因材施教,心平气和地面对学生的不足和失误,采用学生乐于接受的教育方法,帮其改正错误,才能促使其不断进步。

☆ **要用辩证的观点看待学生的错误**

应该说任何学生都有优点和缺点,优等生的优点是显而易见的;后进生则易于发现其缺点,而不容易看到其优点。因此,对于后进生我们更要多观察、多发现。对待学生的错误,要全面分析,一视同仁,要用辩证的观点看待学生的错误。

☆ **用发展的观点看待学生的错误**

每一个人都会犯错误,我们教师也不例外,更何况是学生。我们应该允许学生犯错误。我们应当看到:每一个学生尤其是后进生,他的今天比他的昨天好,即使不然,也要相信他的明天会比今天好。这样,才不会把学生"一棍子打死"。

☆ 要尊重学生,因材施教,努力使学生认识并改正错误

教师要尊重学生,真诚地对待每一个学生。教师要因材施教,针对不同的学生采取不同的教育方法。对于自尊心较强的学生,批评时对错误不要"和盘托出",而是要委婉地向学生表示出批评信息,使对方逐步适应,逐步接受;对于脾气暴躁、性格倔犟、容易激动的学生,宜采用商讨的方法,平心静气地使其在一种友好的气氛中自然接受批评意见;对于善于思考、性格内向、各方面比较成熟的学生,宜将批评的信息以提问的方式传递他们,学生自然就会意识到,并加以注意;对于有惰性、依赖心强的学生,批评时可以措词严厉一些,语调激烈一些,但绝不能讽刺挖苦、肆意辱骂。

总之,只要我们尊重学生,因材施教,正确对待学生的错误,我们的学生就一定能改正错误,健康成长!

39.学会"品"其他优秀教师的课

古人品茶,注重一个"品"字,不单是鉴别茶的优劣,也带有神思遐想和领略饮茶情趣之意,百忙之中,泡上一壶茶,品上一口可以消除疲劳,振奋精神。一堂课,一堂有活力、智慧和情趣的课,也需要评课者用心地"品"才能品出其中的味道。

听课,是每一个学校和上级领导常抓不懈的工作,因为听课是新时代的继续教育,一种非常直接的学习方式,一种提高自己能力的方式。听课,是教师认识课堂,研究课程,提高授课水平的重要方式,是教师实现专业成长的重要途径。随着新课程的推进,听课也应随之变化。

但是很多教师往往只是为了例行公事,听了很多课,评了很多课,自己还是老样子,其专业化素质并没有得到多大的提升。最根本的原因在于,不论是上课者,还是听课者,都仅仅是为了完成任务而为之。带着这样的心态去听课、评课,注定只能是流于形式,而毫无结果。

有的教师也明白听课的重要性,但由于课堂内容呈现得太多,在听课时不太清楚怎么听,毕竟,一堂课呈现的资料太丰富,一个人无法把握它全部的信息。所以,听课过程中还要把握重点。

1. 听教学环节。

教师是通过一环扣一环的教学环节来组织学生进行学习的。听教学环节有助于从整体上把握整堂课的情况。

2. 听承接语言。

就是听教学环节之间是如何进行衔接的。过渡是否自然,是否符合情境,思路是否流畅,符合逻辑。

3. 看师生互动。

看每一个教学环节中师生是如何互动的,是单向互动,还是多相互动,互动是否是乱动,有没有偏离方向,互动中有没有呈现动态生成。活动设计有没有必要,教师处理得是否合理,效果如何。

4. 看时间分配。

看各个教学环节,分别占多长时间,分析教学时间安排是否合理,是否有利于突出重点,消化难点。

5. 看板书设计。

要看有无错误,布局是否合理,能否起到提纲挈领的作用。详略是否得当,重点是否突出,层次是否分明,是否有利于学生的学习。

6. 看评价是否多元。

要看评价内容评价是否多元,是否只是以单一学业成绩为评价内容。看评价主体是否多元,是学生参与,还是仅有教师评价。看评价语言是否中肯、具有鼓励作用。

提高听课质量的根本途径在于换一种思路,换一种心态,以"品"课的心态走进教师的课堂,哪怕是一个新上讲台的年轻教师,都要用欣赏的心态去"品"课。

"品"课,才能品出味道,才能和上课教师一道真正走进课堂,完全进入课堂的角色。唯有如此,听课教师也才能取长补短,取得收获,才能达到听课、评课的真正目的。那么具体如何"品"课呢? 教师们应该以什么样的指导思想去"品"课,持什么样的态度去"品"课?

1. 转换自己的角色。

听课者要转换自己的角色,不要把自己当成一个老师,而是把自己当成一个学生,以学生的心态进入课堂,跟随上课者的思路,完成课堂之旅。

2. 带着欣赏的心态去"品"课。

带着欣赏的心态去"品"课,不仅要品出课堂的优点、创新之举、课堂爆发的智慧之花以及令人深思的教学机智等,还要品出课堂上的不足与失败的地方,然后反观自己的教学,反观自己存在的问题,既提升别人,也提升自己。

3. 带着欣赏的眼光去评课。

听课者要作为一个学习者,评课者要成为一个教育研究者。"一千个读者就有一千个哈姆雷特",每一个听课者根据自己的思路、习惯、知识、和经验等的不同,会得到不同的结果。因此,评课,就要作为研究者,站在更高的角度对本堂课的优点、缺点进行正确的评价。

40.善于捕捉学生的闪光点

何谓闪光点?闪光点即人的优点、长处。对于学生来说,闪光点就是学生的优点、长处,任何一个学生都有自己的优点、长处,后进生也绝不例外。教师要善于发现学生的闪光点,千方百计地让学生的闪光点有用武之地,使学生的自尊心、上进心得到承认和强化,从而激起学生学习的斗志,鼓足前进的勇气。

每个人都有自己的长处,每一个学生都是与众不同的,每个学生都是百花园中的一朵鲜花,即使是后进生,也有自己的长处,只是他们的长处暂时相对少一点,或不容易被人发现。这就要求教师细心,有较强的洞察力,善于捕捉后进生身上的"闪光点",哪怕是稍纵即逝的光亮,也要把它挖掘出来,使之发扬光大,从而使学生扬长避短,促进转化。教师要善于发现学生的优点,从优点入手,激发学生的进取心,用赏识的心态促使学生向更有利的方向发展。从而使每个学生都能品尝成功的滋味。教师要用多视角的眼光看待充满生机活力和个性化的学生,从更多角度全方面地评价学生,为学生的成长创设一个理想的心理环境,多给学生喝彩,让每一个学生都抬起头来走路。

当今是追求高素质人才的时代,我们对学生的评价不能仅仅停留在学习方面,还要有全面、综合的评价,如:学生品德的发展、人际交往能力等,发现任何闪光点都要给予及时的鼓励。给予学生鼓励,就是把信心带给学生,把成功的希望带给学生,特别是对于那些学习有困难的学生,失败的经历会使他们学习的积极性大减,甚至"破罐子破摔",这时候更需要我们教师的鼓励,不断增强学生成功的希望,从而最大限度地调动学生的积极性。作为教育者,我们要做到:

☆ **着眼于发现学生的优点和长处**

要多与学生接触,关心他们的生活和学习,观察学生的细微变化,寻找闪光点,创造一个支持性的环境。教师要对学生有信心,有积极的期望和要求。教师的期望来源于正确的教育思想,教师要相信每一个学生都是有潜能的,他们的潜能是可以发展的。如果教师总是认为学生笨,教不会,带着这种消极的态度去从事教育,就会有意无意地把"这类学生好不了"的想法强加于学生,使整个教育一开始就失败了。

☆ **根据优点进行的鼓励和要求要适度**

积极的要求依赖于对学生实际的了解,过高或过低的要求都是消极的,只有通过学生努力可以达到的要求才是积极的。因为它既体现了教师对学生的现实希望,又易于被学生内化为自觉的要求,引导学生为之奋斗。过高的、脱离学生实际的要求,是不可行的。尽管教师的用心和愿望是好的,但实际效果却往往是事与愿违,因为过高的要求往往不易被学生接受,达不到想象中的目标,反而增加了学生的挫败感,进一步丧失内部动力,压抑学生积极性的发挥和才能的挖掘,而教师也会因为学生未达到预期的要求,大为失望,甚至"恨铁不成钢",指责、埋怨学生,使整个教育进入一种教师厌教、学生厌学的恶性循环之中。

☆ 教师要为学生创造成功的机会

积极的期望和要求,能对学生起到导向和激励作用,而要真正实现,则必须使教师的要求变为学生自身的要求,并化为具体的行动。教师要善于为学生创造成功的机会,引导学生发现和发展自己,把期望和要求变成有形的事实。在争取成功的过程中失败也是不可避免的,我们要帮助学生看到成功之处,认清自己的力量,找到失败的教训,要信任和鼓励学生满怀信心地去争取成功。

41.要引导和鼓励学生相互欣赏

欣赏别人是一种美德,而这种美德又是我们日常生活中最容易忽略的。欣赏别人绝不是逢迎与敷衍,或者专捡别人爱听的话说。欣赏别人是一种真诚的赞美,要努力发现他人的长处,并从心里承认它。生活中每一个人都希望得到别人的欣赏,这其实是希望得到他人对自己的认可。人们也对能够欣赏他人的做法表示由衷的赞同。

嫉妒既害人又害己。嫉妒发展到一定程度,会给被嫉妒的人造成很深的心理伤害,同时,嫉妒别人的人自己在精神上也备受折磨,正如法国大文豪巴尔扎克所言："嫉妒者的痛苦比任何人的痛苦更大,他自己的不幸和别人的幸福都使他痛苦万分。"

欣赏别人是一种智慧,你付出了赞美,这非但不会损伤自尊,相反还将收获友谊与合作;赞美别人的过程,其实也是矫正狭隘、自私和嫉妒的心理,从而培养大家风范的过程。

引导学生学会喝彩,相互欣赏。教师可以让学生想一想自己有没有被别人嫉妒过？问一问自己嫉妒过别人没有？引导学生体会一下自己的感受,培养学生的自省能力,谈一谈自己被别人赞美的感受,体验美好道德带给人的愉悦;引导学生尝试从心里赞美别人,并谈谈自己的体会,增强学生的道德感受能力;还可以引导学生议一议,竞争是不是超过别人,让他们不如自己？培养学生的道德分辨能力。

学会喝彩,相互欣赏是人性的公正和善良。共同的人性存在于每一个学生的心灵深处,教师唤醒自己,也唤醒学生潜藏着的对于美好生活和美好事物的向往,帮助学生寻找开启心灵的神奇钥匙,使一颗颗心自然沟通、相互理解,把培养好习惯落于更深的层面上。我们应该怎样引导学生学会相互喝彩、相互欣赏呢？

第一,要相互接纳。允许生活中有不同于自己的别样存在,习惯于听到不同的声音。生活在人群当中,绝对不应该摒弃任何人,哪怕这个人是一个最卑劣、最可笑的人。如果不这样,那我们就是不公正的。

第二,要宽容地对待他人成绩。在现实生活中,存在这样可悲的事实:不论是谁,只要事业、生活有成,便有可能成为有心理障碍的人的攻击目标。他们不是想着自己怎样做会更出色,而是想着怎样让对方倒霉,变得不如自己。他们害怕在别人的成功面前显得自己无用,于是说坏话、传闲话、告黑状,以此打击别人,抬高自己。这种致命的嫉妒心是失落的自我产物。可怕的是这种心理障碍在学生们中间屡见不鲜。

例如一次考试结束后,教师跟学生甲谈话,说:"这次学生乙考的不错,进了年级前 50 名。"没想到,甲接着毫不客气地说:"其实没什么了不起的,我还考过年级前 30 呢,这次我是没发挥好,不然考过他还不容易吗?"教师的原意是想去激励他,没想到会是这样的结果。

生活中,这样的例子还有。课堂上,有些同学对别人的发言、想法要么不理睬,要么是从心里不接受,挑剔的多,赞赏的少。有个别孩子比较优秀,但由于接受不了别人的进步和超越,心里一直不平衡,处处斤斤计较,甚至从此不相往来了……这样的孩子,只知道为自己的进步与成功窃喜和欢呼,对别人却常常无动于衷、漠不关心,很少真心实意地关心他人、欣赏他人,他们会毫不留情地指出别人的缺点,却看不到别人身上的闪光点。

所以我们老师在日常的教育教学活动中,要正确教育和引导我们的孩子:

● 要懂得世界是多彩的,是大家的,要接受生活中有不同于自己的别样存在,要习惯于听到不同的声音,学会接纳别人;

● 要善于发现别人的优点,宽容地对待别人的成绩,相互学习,取长补短,和谐共处,共同进步;

● 要诚恳地欣赏别人,赞美别人,欣赏别人是一种美德,它是一种认可、肯定、理解和信任,同时,它又是一种激励和引导,可以使人扬长避短,改过自新,不断进步。

42.作业布置要恰当

作业是教学的基本方法之一,是反馈、调控教学过程的实践活动,也是在老师的指导下,由学生独立运用和亲自体验知识、技能的教育过程。它不仅可以加深学生对基础知识的理解,而且有助于形成熟练的技能和发展学生的思维能力。在新一轮课程改革的新理

念下,作业设计与评价要以学生发展为本,兼顾基础知识的巩固与能力的发展,正确处理全面发展与因材施教的关系,让学生在练习与评价中,获得满足、愉悦和成功的体验,对后续学习更有信心。

然而在现实的教学中,作业却成了学生的"包袱",成了负担。不管是在发达繁华的城市,还是在偏僻落后的乡村,不管是在中学还是小学,学生都不同程度地存在着作业负担过重的现象,大大超出教育部提出的每天学习时间量的规定。学生作业量过重的问题已成了教育界挥之不去的阴影。一方面,学校领导和老师们想通过加大学生的作业量来提高教学成绩;另一方面,学生强烈反对老师布置太多的课外作业,上级教育主管部门更是三令五申,要减轻学生过重的作业负担。这显然是一对矛盾。

而且更为严重的是,学生为了应付各类作业,普遍存在着作业

抄袭、不交、不订正的现象，这些现象不仅常常发生在后进生的身上，而且也会不经意间发生在优等生身上。

同时过重的作业负担，使学生没有了双休日和节假日，没有了社会实践活动，没有了和大自然接触的机会，他们只能被困在教室里或家里写作业，从而也束缚了学生的创新能力和实践能力。

教师在布置作业时应尽量做到不让学生把作业当成苦差事去应付。作业布置要讲究"轻负高效"。教师要想在设计、布置作业上起到"轻负高效"的效果，需要很好地处理好以下四个关系。

☆ 一是质量与数量的关系

多数教师认为，只有让学生多做作业才能提高他们的教学成绩，而事实上并非如此。如果教师不加筛选地、随意地、盲目地加大学生的作业量，往往起不到应有的作用。当前，各类辅导材料铺天盖地且良莠不齐，很多资料都是大同小异。因此，教师在设计和布置作业时，应进行认真地筛选，把具有代表性、典型性、趣味性和富有生活气息、充满时代感的作业挑选出来，把那些重复性的、机械性的、陈旧过时的作业砍掉，力求少而精，力争给学生布置的作业能够"以一当十，举一反三"，做到质高量精。这样，既能保证学习效果，又能减轻学生过重的作业负担。当然，如此一来，势必要占用教师们更多的备课时间。不过，能用一个人的辛劳取代几十个人的低效，这份辛苦还是非常值得的！

☆ 二是普遍与特殊的关系

新课程观认为：每个学生的学习方式，本质上都有它特殊的一面。这就意味着我们要尊重每一个学生的独特个性。同时特殊性也意味着差异性，不同的学生在学习同一内容时，实际具备的认知基础和情感准备以及学习能力倾向不同,也就决定了不同的学生对同样的内容和任务的学习速度和掌握它所需要的时间及所需要的帮助不同。如果要求所有的学生在同样的时间内,运用同样的学习条件,以同样的学习速度掌握同样的学习内容,并要求达到同样的学习水平和质量,就必然造成有的学生"吃不饱",有的学生"吃不了",有的学生根本不知从何"入口"。因此,教师在设计和布置作业时要有梯度和区分度,要区分层次,不拿同样的作业去对待所有的学生。比如,在设计和布置作业时,可设有必做题(基础题)和选做题(提高题),有的同学要全做,有的同学可以只做基础题,少做或不做提高题。这样才能真正体现"因材施教"的原则,才能让不同情况、不同程度的同学都得到提高,都感到满意。

☆ 三是理论与实践的关系

在教学中绝大多数教师在设计和布置作业时,往往只布置枯燥的、理论性的书面作业,忽略了实践性、体验性和操作性的作业。事实上,学生最不愿意进行机械的抄写,最不愿意背诵、记忆纯粹的概念。如果老师们在设计和布置作业时,把来自于实践的理论知识和丰富多彩的客观世界联系起来,让作业贴近生活、接近社会、融入大自然,学生既乐于接受,又能巩固所学的课本知识,岂不两全其美?

☆ 四是单科与整体的关系

在多数情况下,老师在设计和布置作业时往往不考虑或是很少考虑其它科目的作业量。如此一来,如果只是某一科目的作业量小了,而其它科目的作业量依然如故,作业多的问题还是得不到解决。这里就需要学校限定每科(或所有)课后作业的时间,学校进行不定期抽查,发现有严重超时者,应给予批评等。

教师通过批改作业,可以直接获取学生信息,把握学生知识掌握和能力发展的程度,从而及时调整教学方案,修改教学目标,确保后续教学的时效性、有效性和针对性。

总之,作业量过大会挤走学生应有的欢乐时光,使青少年绚丽的七彩人生暗淡无光。作为教育者,要多从学生的终生发展去着眼,少一点儿分数情结,多一点儿人文关怀。对学生的作业布置不应单纯靠数量取胜,而应求质量,教师的作业设计应具有很强的针对性,要满足学生的个性发展的需要,要与学生的现实生活相融,普通的作业活动,应有利于学生人文素养的形成,只有这样,作业才会充满魅力,学生的灵气才能得以展现,也才能使学生的作业真正达到"轻负高效"。

当然,要真正做到学生的作业"轻负高效",对老师也提出了新的要求,这就是要求老师必须真正领会新课程理念,改变传统的作业观;要求老师不断地充实自己的知识量,开拓知识视野,拓宽知识面,成为一名学习型老师。唯有如此,教师才能布置出高水平、高质量、高效能的作业来,才能培养出具有真实本领和创新实践能力的有用人才。

43.让学生生活在思考的世界里

苏霍姆林斯基在《给教师的建议》一书中说:有一种可怕的危险——学生坐在课桌后面无所事事,每天 6 小时无所事事,月复一月、年复一年地无所事事。这样会使一个人走入歧途,在道德上败坏下去。无论是学生生产队也好，教学工厂也好，还是学校试验园地也好，都无法弥补在一个主要领域里荒废了的东西。这个主要领域就是思考，人应当首先在思考领域里成为劳动者。

爱因斯坦说过，我们体验到的一种最美好、最深刻的情感，就是探索奥秘的感觉，谁缺乏这种情感，他就丧失了在心灵的神圣的颤栗中如痴如醉的能力，他就可以被人们认为是个死人。让学生生活在思考的世界里——这才是应当在学生面前展示的生活中最美好的事物！也应当向教师指明这个方向。

那么，怎样才能使思考的活动在学校里占据统治地位，怎样才能使思考、认识、发现、理解和求知的需要，成为一个人的最主要的精神需要呢？

这就需要使用教师的智慧。在每一个年轻的心灵里，都存放着求知好学、渴望知识的火药，只有教师的思想火花才有可能去点燃它。学生生活在思考的世界里——这就是教师点燃的勤学好问、渴求知识的火焰。只有教师才有可能向学生揭示出：思考，这是件多么美好、诱人而富有趣味的事。只有当教师给学生带来思考，在思考中表现自己，用思考来指挥学生，用思考来使学生折服和钦佩的时候，他才会成为年轻的心灵的征服者、教育者和指导者。那种热爱自己的事业而又善于思考的教师，才有力量使教室里保持肃静，使学生用心地倾听他的每一句话，才有力量激发学生的良心和羞耻心，这种力量才是一种无可争议的威信。而那些没有什么东西好讲，学生也感觉他没有什么丰富的思想宝藏的教师，确实是很可怜的。我们依靠思考，也只有依靠思考，才能驾驭年轻的心灵。我们的思考能激发学生的学习愿望，能激发学生对书籍的不可遏制的向往。

教师必须使学习有明确的目的性。在课堂上要做两件事：

第一，要教给学生一定范围的知识；

第二，要使学生变得越来越聪明。

如果达不到这两件事的和谐，就会使学生的学习变成一种苦役。教师必须进行一些专门的工作来使学生变得更聪明，不能认为：既然学生在掌握知识，他自然就变得更聪明了。这一切远不是这么简单的。

只有你首先把自己培养成思考者，你才能体会和认识到学习是一种幸福，是一种智力活动。多年的教育工作经验使我深信，一个年幼的人到学校里来上学，为的是走出校门时成为一个有教养的、受过教育的人，而他只有在一种的情况下才能成为一个好奇的、爱钻研的勤奋学生，就是他要善于思考，他的生活和思想要在某种程度上脱离他在课堂上所学的那些东西——这种独立对象转移到另一个对象上，反复地进行许多次。用成年人的话来说，这就是从各个方面来研究一个事物。在这个过程中，学生就是在学习"在观察中思考和在思考中观察"——思维训练的意义就在于此，学生借助这种思维训练就比较容易理解课堂上所讲授的科学基础知识了。

44.把学生放在"第一位"

随着教育改革的进一步深入,"以人为本"的理念正被越来越多的人接受,现在有许多学校都将这一理念细化成一句口号:一切为了学生,为了一切学生,为了学生的一切。在教育教学的过程中,各方面都在进行尝试,但关键是,要切实把学生放在第一位,而不能只在表面上空喊口号。

从教学过程或教育的根本目标来看,"学生第一"是不容争议的。目前,课堂教学是促进学生学科知识发展的主要场所和主要方式,所以,课堂教学必须要以学生为根本,教学必须要以学生的自主学习、自主发展为前提,教师讲得再好、教学设计再妙,都不能替代学生的自我学习、自我提高。

把学生放在第一位,教师就要相信每个学生都有他自己的天赋、才能、兴趣和力量,要相信每个学生的心灵都愿意接受美好的事物,要相信每个学生都能在教师的关怀教育下成为一个有用的人。

孙敬修说过:"教师要热爱学生,应把学生看成自己的儿女手足,对他们的关心、热爱和责任感还应超过自己的儿女,有了这种感情,才能把每一个学生培育好。"

把学生放在第一位,教师才会有真诚、无私的爱,教师才无愧于"太阳下最光辉的职业"的称号!关怀学生,把学生真正放在心坎上,这是一个教师的品质、修养和责任心的具体表现。

把学生放在第一位就要懂得如何关爱学生。关爱学生要从以下几个方面做起：

● 关心学生的行为习惯。俗话说："种下行为,收获习惯;种下习惯,收获性格;种下性格,收获命运。"关心学生的行为习惯是很重要的。

● 关心学生的学习。这是教师最起码的职责。

● 关心学生的成长。关心学习只是一时,而关心他们的成长却是一个长期的过程。新课程理论告诉我们：要把课堂还给学生,让课堂焕发生命活力;把班级还给学生,让班级充满成长气息;把创造还给学生,让教育充满智慧挑战;把精神发展的主动权还给学生,让学校充满勃勃生机。

45.教师,你不要只说不练

讲课是指导学生效率最低的一种方式之一,但现实中,它的使用频率却是最高的。为了把这一点弄得更清楚,让我们来想象一下你正在学习一项新运动——游泳。教练让你和其他的二十名初学者围坐在游泳池边的一张桌子边,然后开始讲解如何游泳,而你们就在一边认真地记笔记。你们一字不漏地记下来,因为教练本人就是一位游泳健将,他说的话怎么会有错呢? 说到游泳,他可是无所不通! 他讲得好,你们也记得全。事实上,他还跳进了游泳池,亲自做起了示范。然后,你把所有的东西都背了下来,参加了考试——一次笔试,你的考试成绩名列前茅。好,现在,你就成为一位游泳健将了,对不对? 如果你认为这一切荒谬透顶,那么,恭喜你,你的判断是正确的。光听游泳课，我们学不会游泳，只有下水游，才可能学得会。同样的，光听驾驶课，也学不会开车，只有动手开，才有可能学会开。生活中如此，课堂上亦然。当然，这并不是说我们不需要任何一个上课的地方，但是光听课，学生们也绝对学不到任何实际的东西。大作家们并不是因为听了若干课堂，背会了所有的条条框框就成了名;好的读者也绝不是听了几节阅读课就掌握了出众的阅读技巧。只有实际动手和锻炼，才能让人获得真正的技巧。同样，伟大的历史学家也不是听了听课，背诵了一些历史常识就功成名就，相反，是因为他们能够投身到实际的研究中，真正在历史的长河里徜徉。我们常常听到有人说"实践出真知"，却来没有听说某某人光靠听课就学会了一切。

46.教师,你不要照本宣科

不要照本宣科，并不是说从此就可以扔掉教科书了。想想看，不用教科书的老师还真是寥寥无几。教科书是教师们相当宝贵的教学资料，不过，关键的地方在于——它们仅是资料而已。

在新课程改革下，还能听到教师这样的声音:"要换新教材了，哦，这不行，我可教不了这个。我还得用原来的教材，绝不会因为教材就去重新备课。而且，新教材里面的内容太多了，一学年根本就上不完。现在的教材可是刚好够上一学年的。"还有另外一位老师，开学第一天，他就让学生们把书塞到了屁股底下，然后说:"好啊，现在我们就已经'覆盖'了整本书的内容。"但是，这并不意味着

— 83 —

他完全抛弃了教材里面的内容。实际上,他仍然会使用其中的一些相关内容,只不过是把它们用做了教学的必要补充。他根据学生的实际情况来安排教学,完全不受教材的左右,我们应该向他学习。根据不同的内容要求和水平,大多数学区都有自己的课程设置和安排,要求教师们贯彻执行。事实上,没有哪本教材可以和某一个学区的课堂完全匹配,学区在选择教材的时候,只能尽可能选择那些与具体课程密切相关的教材。但是,老师们往往会误把教材当作课程,亦步亦趋,循规蹈矩。他们把教材内容从头到尾一点儿不落地讲给学生,却忽视了这门课程的根本目的。优秀的老师能够按照课程要求,选择最好的教学资料进行教学;而能力差一点儿的老师就只会依葫芦画瓢:讲什么,什么时候讲,提问什么问题,学生们该怎么作答都要按照教材来,分毫不差,甚至连考试的形式和答案都照抄不误。那么,你不妨问自己一个问题:"如果下周还给学生发这周的这份卷子,他们能及格吗?"如果答案是"否",你就仅仅是完成了教材里的任务,而没有进行真正的教学,事实上,你不过是临时把教材里的东西"借"给了学生,到考试时,他们会再"还"给你而已。

教材仅仅是一种教学工具,一种教学资源。再问自己一个问题:"如果上课时把所有的教材都拿走,我的课还能进行下去吗?"如果答案是"否",那你对于教材的依赖就太强了。记住:教材仅是资料而已。我们教的是学生,而不是教材本身。

教师在教学中经常会用到教材,教材能帮助教师更好地备课。教材,是教师的好帮手,但是它仅是辅助,不能完全依赖,教师要能用能弃,要有自己的见解。现在书店里充斥着各种教辅资料,教师讲的书上基本都有,如果教师没有自己的见解,学生就会对课堂失去兴趣,对教师失去信心。这样的课堂还有什么意义?

47.传授社交礼仪

教师想事情不要理所当然。不要以为学生入学时人人都会是绅士或淑女;不要以为学生们总是是非分明;不要以为学生们彼此总会相处融洽,合作愉快;也不要以为在和别人交谈时,学生们知道该如何正确地用眼神与对方沟通。个别学生会,但大部分学生对此一无所知。常听人说,家长应该负责孩子的社交礼仪。但是,有些孩子可以从父母身上学到一些礼仪,也有相当一部分孩子学不到,这是事实。如果自诩是"教育者",那我们就要给孩子们全方位的教育。那么,在哪里见缝插针地讲这些呢?课程本来就够满的了。首先,我们作为教师,应该以身作则,这不需要任何时间,然后将所需的礼仪技巧恰当地融入所教的每一节课。那么,怎样传授学生社交礼仪呢?可以从以下几个方面着手:

- 在教室门口迎接学生的时候,展示良好的礼仪风范;
- 对待学生礼貌而又亲切;
- 柔声说话,语气亲切,不轻易发火;
- 在每一次学生们表现很好的时候,都适时地赞扬他们;
- 当自己行为不当时,向学生道歉;
- 在任何一项活动之前,向学生讲清他们怎样做才是恰当的;
- 加强学生与学生、学生与老师之间的交流。

48.让课堂向生活延伸

教育边界就是生活的边界,我们应该用一种立体的、开放的理念来构建我们的课堂。的确,学校教育本是一个被师生所拥有的"生活世界",一个有关"人"的世界,一个活的世界。在这个世界中,最为基本的是人的生活、精神、价值和交往关系。在这个世界中,人的喜怒与哀乐、人的经验与智慧、人的谬误与失败、人的价值与意义,都完整地、现实地、具体地表现出来。

然而,由于过去的学校教育大多过分追求知识、分数,学校教育中课堂被异化成物的世界,丰富多彩而又复杂的生活被简化成物质联系,从而造成学生乃至教师精神世界与人格的萎缩。我们要让课堂从科学世界向生活世界回归,向着感性的、具体的、现实的、流动的生活延伸。

生活教育是一种关注学生作为人在学校这个生活世界中的现实存在,通过提升学生在校的生活质量,使教育过程真正成为学生精神变革、意义把握和生活实践的生活过程,是促进学生自我觉醒、自我生成、自我实现的教育模型。现代生活教育认为,生活即人生实践,是生命有目的的创造。教育,应从儿童的现实生活出发,扎根于儿童的生活,与儿童的现实生活境遇发生关联,理解儿童具体生活的每一种形态,理解儿童所面临的各种生活问题。同时,还应该理解儿童在发展时期与外部世界建立的生活关系和行为方式,探寻有效的引导方式,这样才能对儿童进行有意义的引导。构建生活的课堂就是建立在这种生活意义上的教育,其关键是要对课堂教学中的师生关系、课堂教材与实践活动进行意义重构,让它们回到生活意义上来。

课堂向生活延伸,一个显著的特征便是把课堂还给学生,并且"还学生以儿童"。课堂要实现由以知识为中心向以人的发展为中心的转变,就必须切切实实研究、了解并关怀这个"人"。这个"人"首先是儿童,他们是真实的,活着的,有思想、有情感、有需求的,是独立于世的。他们虽不成熟,但却并非一无所知,而是对世界充满了好奇、幻想;他们虽禀赋各异却不乏生命灵性,不乏独到见解。要让课堂成为他们学习、交往、成长的理想时空,作为教师的我们应该在课堂中引领着他们过一种积极的、有意义的生活,这才是对儿童真正意义上的关怀。

因此,作为拥有如此理念的教师首先得学会"心理换位",即在某种程度上让自己变成一个孩子,然后以平视的眼光感受孩子们的思想、情感和意愿。那么,学生的"河水很活泼""小鱼会讲悄悄话""树上还有 9 只不会飞的小鸟"等鲜活的话语出现时,就不会被教师主观臆断孩子所说句式不符合成人的语言表达习惯。相反,教师要为孩子的心灵如此富有、想象如此多彩、思维如此鲜活、语言如此灵动而由衷惊喜、快慰。

还原我们的课堂生活的本色,让我们的课堂向生活延伸,只有这样,我们的孩子脸上才会散发出智慧的光芒,脑袋里才会迸发出创造的火花。

49.快乐教学

所谓"快乐教学",就是让学生在愉快和谐的气氛中,以激发学生的学习兴趣为出发点,以培养学生德、智、体、美、劳全面发展的整体素质为目的,为社会发展培养有用人才。

在教学中,若要运用好快乐教学,首先要有和谐、平等的师生关系,其次要从"乐学"入手,用多种形式调动学生的学习积极性,才能使快乐教学落到实处,从而达到提高课堂教学质量的目的。

☆ 和谐、平等的师生关系是快乐教学实施的前提

社会赋予教师教书育人的重任,工作对象是活生生的人。如何让学生心悦诚服地接受教师的教育,培养成有用的人才? 与学生建立和谐、平等的师生关系,是实施快乐教学的前提。记得有位名人曾经说过:"撒播阳光的人,首先自己心中必须充满阳光。"从事教师这一职业的人,就要以满腔的热忱和爱对待学生,做到尊重学生的人格,尊重学生的情感,平等地对待每一位学生;不居高临下,不能用成绩的优劣去判断人格的高低。只有这样,才能营造出愉快宽松的心理环境,减轻学生的心理负担。平时对待每一位学生,时时处处注意发现他们的闪光点,并对此加以赞赏和鼓励,使他们从心理上感觉到老师对他们的爱,并因势利导他们勤奋学习,改掉一些不良习惯,帮助他们树立更高的奋斗目标。学习上以"严师"的标准要求,生活上给予"父母般"的关怀,在学生心中树立起可亲、可敬的形象,才能使他们亲其师、信其道。

☆ **教师的"乐教"是调动学生学习兴趣和学习内驱力的关键**

教师的任务就是培养对社会有用的人才。面对儿童普遍患有"厌学症"的今天，按部就班，重复以往陈旧的教学方式，并不能改变这种现象。美国认知心理学家奥苏贝尔说："教学，要调动儿童学习的内驱力。""快乐教学"正是以激发学生的学习兴趣、调动儿童的内驱力为出发点，以求达到全面发展这一目的。

那么怎样激发学生的学习兴趣，调动他们的内驱力呢？教师的"乐教"是实施快乐教学的关键。所谓"乐教"就是要求教师认真钻研业务，勇于探索改革，精心设计教学活动，这样一来才能达到"乐教"。

教师除了深钻教材、抓住每节课的重难点、设计教学程序外，还应尽量从教材中去挖掘能激发学生兴趣的因素，使学生"乐学"。

● 挖掘教材中的快乐因素，是激发学习兴趣的依凭。

● 从分析人物的具体形象，来激发学生的情感，调动学生的内驱力。

● 设计多种形式的训练方式，调动学习兴趣，达到"乐学"这一目的。

还有仔细有序地观察、动笔勾画问题答案、同桌互相讨论、学生动手操作、根据课文内容发挥儿童想象、续编故事、表演等方式，来充分发挥学生的主体作用。

☆ **开展丰富多彩的课外活动，是使学生"乐学"的重要途径**

素质教育要求改教学教师过去的封闭式教学为开放式教学，重视课外活动。因为课外活动是课堂教学的重要组成部分，是课堂教学的补充和延伸。实践证明：那种只把孩子们关在教室里的教学是不能提高教学质量的,只有重视课外活动,课内外结合,才是提高教学质量的有效途径。因此要多多开展丰富多彩的课外活动,"诗歌朗诵会""讲故事比赛""词语连环赛""抓错别字俘虏""有趣的知识园地""小队演讲比赛"等活动,这样不但活跃了学生的身心,还开阔了学生的视野,丰富了学生的知识。

总之,教师不但要有敬业精神,有过硬的教学基本功,还要具有创新的意识,不断地改进教学方法,才能达到调动学生学习兴趣的目的,使学生成为学习的主人,培养他们成为高素质的人才。

50.鼓励学生积极参与课堂活动

想象一下如下的课堂情景:你是来听这节课的一名学生,这天与平常没什么两样。你走进教室,坐在自己的课桌旁。老师让你打开课本。老师开始讲课,你开始做笔记。你开始读一篇课文,然后回答后面的问题。回答完了,再做课堂练习。在词汇表中查了二十多个生词,这些生词,还有笔记,都必须在周五的考试之前记住。老师一直讲个不停,而你坐在那里一动不动。老师希望你集中注意力,表现出很大的兴趣,还有掌握全部的课堂内容。现在,请你回答如下的这些问题:

● 在以上的描述中,老师"教"的地方在哪里?

● 一个学生可以"一动不动"地坐多久?

● 学生们独立思考和解决问题的地方在哪里?

● 读课文,再回答课后问题能不能让学生学到更多的东西?

再来想象另外一个场景：你还是一名学生。每天走进教室，你都不知道等待你的将会是什么，因为每一天都有所变化。你们可能正在投入地学习某个知识点，师生一起进行了很多探讨。每一次的课堂讨论都热烈而有序，学生们积极参与，主动发表自己的意见。今天，老师把你们分成了若干个小组，每个小组的作业各不相同。你们需要从不同的角度把自己的想法写下来。老师讲解了要求，并亲自做了示范，你们已经非常清楚各自的任务。完成作业的过程中你们必须独立思考。活动过程中，老师会与每一个小组进行互动。然后，所有小组都要向全班报告自己的研究成果，然后大家一起对这个报告做个简单的讨论。现在，你一定能看出这个场景与上一个之间的区别了。那么，你有没有发现，在第二个场景里，学生们积极参与，兴趣浓厚，收获丰富，没有一丝无聊的迹象呢？你愿意去上哪一节课呢？

让我们重新表述一下上面的那句中国谚语："课堂上听到的，总是左耳进、右耳出；看到的还会有一些印象；但是，当我动手的时候，我学会了、记牢了，因为——我懂了！"让你的学生动手吧，别让他们痛苦地忍受那漫长的几十分钟！

51.评估方式要多样化

曾经有一名督导去一所学校督学，然而汽车在途中发生故障，这位督导修理了好长时间也没有修好。这时，一名学生经过，问发生了什么事。督导告知后，学生只用了几分钟便帮督导排除了故障。督导离开前,无意中问道:"现在是上学时间,你为何不去学校?"学生答说:"今天学校有人来督学,我成绩最差,老师让我早点回家去。"这位督导回去后发出了这样的疑问:这样的学生是不是"好学生"?什么样的学生才是"好学生"?事实上,这样的疑问正暴露出我们教育上一个重要的缺陷,那就是过分地放大了教育的"塑造"功能,却忽视了教育的最根本的也是最重要的"保护"功能。教育应该是一片肥沃的土壤,而绝不应该仅仅是一把锋利的剪刀。环顾我们的四周不难发现,这名帮督导修汽车的学生只是众多的饱受"修剪"之苦的学生之一。值得我们注意的是,这些学生中有相当一部分是隐藏着巨大潜力的。

比如说,一个人步行的活动半径是 5 千米,骑车的活动半径是 10 千米,开车的活动半径是 100 千米。一个人用不同的交通工具收效显然不同。如果把学生的天赋看成是圆心的话,那么他们受教育后所能达到的高度便可看做是这个圆的半径。圆心不动,半径却有可能达到无穷。如果这个半径可达到人类思维从未涉足的领域,表现出的就是创新的能力,教育的作用也就凸现其中。因此,即便是具有相同天赋的人,受到不同的教育,其结果也是完全不同的。由此我想到所谓的"优才教育"不如称其为"教育优才"。对教育对象的称呼并不重要,关键是要指向教育的全过程,看它能否使某个人在某种意义上成为"优才"。当然,这里的"优才"是个多层次、多维度的复合概念,而我们理解的优才一般都是"全优型"或"乖乖型"的。事实上很多有所作为的人都是"偏才"或"怪才"。我们的教育是否可以不要过分苛求,不拿放大镜和显微镜去观察他们的现在,而是多用望远镜去望一望他们的未来?作为个体的学生,都有其不均衡发展的方面,不要因为出现了几个特别的学生就惊呼"另类"。教师应该努力完成的任务和使命是"发现孩子的才能和帮助其实现才能"。优才在哪里？放下剪刀,随时随地都能找到。重要的还在于,优才被发现之后如何从圆心到达更大的半径。由此可见,教育教学更应该从多层次、多维度培养我们学生,使之在社会活动实践中成为可用之才。

52.教学方法要多样化

教学方法为什么要多样化呢？

首先,是由教材内容、学校条件和师生状况的不同决定的。以教材内容而言,有利用演示或实验让学生观察现象的内容,有引导学生自己探索、建立概念和规律的内容,有概念和规律的应用的内容,还有着重培养实验技能的内容,等等。不同的内容,所采用的教学方法也不尽相同,学校条件、师生状况也是影响教学方式选择的重要因素。

其次,是调动学生积极参加课堂活动的需要。如果只用单一的讲授法,学生的听觉器官很容易疲劳,而其他器官又得不到发挥作用的机会。采用多种教学方法能调节和调动各种器官交替参加教学活动,而使学生的感觉和思维更加敏锐,提高课堂效率。

最后,是培养学生具有多种能力的需要。不同的教学方法对培养学生能力所起的作用是不同的,例如观察法有利于形象思维能力的形成,问题讨论法有利于抽象思维和逻辑推理能力的形成,实验探索法有利于实验能力和发现能力的形成,指导读书法有利于阅读能力的形成,等等。显然,如果只用单一的教学方法,我们培养出来的学生在能力上就可能是不全面的。

教学方法的多样化主要体现在如下几个方面:

☆ 教学方法不是一个不变的程序结构

教学方法只是一个相对稳定的程序结构,价值观的变化会影响课程目标的变革,自然也就会影响到教学方法的变革。例如,当前转变学生的学习方式成为了课堂教学改革的一项重大的任务,而这种变革可能表现为新的教学方法被不断地通过教师的实践而丰富,也可能使原有的教学方法中的许多手段或活动发生变革,这就带来了教学方法的结构变化。

☆ 不同的学习任务和目标可以有多样化的教学方法

在同一个教学内容的学习中,可能有若干个学习环节,而不同的学习环节其学习任务和目标是不同的,这就带来了教学方法的多样性和综合性。这样看来,理论上是没有一个能统领整个课堂学习过程的教学方法的,可以随着内容和目标的变化而呈现其多样性和综合性。

☆ 同样的教学方法可以有不同的行为方式

在某个学习环节中运用某种教学方法时,不同的学生、不同的学习任务和不同的学习目标,其行为表现也是不同的。有时是表现在活动方式上的差异,如同样是"谈话法",在组织低年级学生的学习时,可能更多的是采用"师生对话"的活动方式,而在组织高年级学生的学习时,就可能会更多地采用"小组对话"的活动方式;有时是表现在活动层次上的差异,如在程序性知识的学习中,操作的探索性成分可能会更多一些。

☆ **教学方法在一堂课中往往是交替使用的**

一个完整的课堂学习过程,往往会是多种教学方法交替使用的。而如何交替使用、将哪些方法交替使用,都取决于一个最基本的目标,那就是怎样才能促进儿童的学习。例如,在一堂"小数认识"的课堂学习中,可能会交替地采用"讲解法""实验法""发现法"等不同的教学方法,这些方法的不同服从于每一个阶段学习任务的不同和学习目标的不同。同时,这种综合还表现在同一个学习过程的模式中,会交织融合着多种教学方法。例如,一个探究学习的过程模式(或称教学模式)中,可能会有谈话(对话)、观察发现、演示实验等多种教学方法综合使用。

第五章 职业精神:教师最大的美

　　教师的职业精神指与教师的职业活动紧密联系,具有教师自身职业特征的一些意识、思维活动和一般的心理状态。从表面上看,教师的职业精神在其职业生活中最突出地表现为一种职业作风,具有潜移默化的教育作用;在日常生活中,教师的职业精神更多地体现在教师的职业态度和综合能力上。

53.学会与家长沟通合作

　　家庭是孩子的第一所学校,父母是孩子的第一任教师,父母的行为直接影响到孩子的思想、品行,家长对孩子行为的认知也比较具体、深刻。学生的思想品德、行为态度、学习质量和健康状况等在很大程度上与家庭环境有着密切的联系,学校教育必须取得家长的支持和配合。这两个"教育者"之间的纽带就是教师。教师和家长之间的沟通,一方面会直接影响到师生关系,另一方面也会通过家庭教育这一渠道影响到学生的成长。因此,教师与家长的沟通十分重要。

　　与家长联系,这是一个教师经常要做的工作。但是,大家平时与家长联系有个共同点,就是有事的时候才联系,而且多半是在学生违反纪律、不完成作业或者出了什么事故(总之不是好事情)的

时候联系。所以,许多家长都条件反射似的怕接老师的电话。久而久之,这种联系与沟通对学生的影响开始慢慢减弱。

教师应该在休息的时候,打三两个电话,与家长闲聊一会儿,了解一下学生在家时的表现,学生的思想动态,以及家长对老师的要求和建议,等等。平时加强与家长的联系,可以预防很多事情的发生,比"亡羊补牢",事后谈话效果更好。

有些教师虽已认识到与家长沟通的重要性,但还是很害怕与家长沟通,因为现在家长选老师的问题比较突出。一方面,一些教师平时对自身素质与修养的提高重视不够,在学生中、在家长中、在社会上,形象不佳、声望不高;另一方面,家长对教育孩子越来越重视,他们不仅选学校,还选老师,一些形象不佳、教学效果不理想的教师就常常成为被调换的对象。其实出现这种情况,责任更多在教师身上。所以,教师要有危机感,要不断自我学习、自我修炼,才能满足家长们越来越高的教育期望,才能真正改善与家长的关系。

家长和教师的出发点都是为了学生,只要我们热爱学生,一切为学生着想,只要我们以诚相待,对家长多一分尊重和理解,我们就一定能与家长建立起和谐友好的关系。而这最终将形成家长对教师理解、放心,学生对学习上进、用心,教师对教学尽责、安心的良好局面。到那时,教师的教育教学效果怎么会不好、教学质量怎么会不提高呢?

教师与家长沟通,了解家长是重要前提。由于职业、性格、文化水平等因素的制约,家长的教育观念和教育方法也不尽相同。这就需要教师在生活中注意相关问题,及时了解学生家长的情况,做到沟通时能够有的放矢。

其实,与家长沟通是一门艺术,需要讲究方法。在当前家长普遍重视智力开发,忽视社会性教育的情况下,沟通的技巧显得尤为重要。

☆ "理解"缩短心与心的距离,爱让沟通有良好的基础

校门口,我们常常会听到家长对即将上学的孩子不厌其烦、看似唠叨地叮嘱,目送孩子走进校园,家长的目光里充满了牵挂。不是家长不相信老师,而是因为家长对孩子的爱。也正是因为爱,家长才将孩子送到学校使其接受良好的教育,让他适应集体生活,期盼他学到知识、掌握技能、茁壮成长。

教师要懂得这份爱的重量,在家长会上,多多列举学生的诸多长处、家长的诸多努力,对于一些问题也要巧妙地提出来打动家长,赢得家长的信任。无需表白自己将如何精心照顾每一位学生,浓浓的爱心和彼此的理解会获得家长们的信任,赢得家长们的支持和配合。有了爱,有了相互的理解,才能缩短教师与家长的心理距离,使家长对教师充满信任,为良好的沟通打下基础。

而每当学生出现问题,教师请家长来校时,要不忘叮嘱一句:"您别太着急,路上小心……"即使此时你真的很着急,但也要能体会家长来校时的行色匆匆,以及当时焦虑急切、忐忑不安的心情。客观地说,人际交流中确有强弱之分,在与教师交流中,做错事情的学生的家长处于弱势地位,但弱者有极强的自尊心。而此时如果兴师问罪,家长的自尊心必遭伤害,以此为前提的后面的循循善诱会失去应有的教育效果。而此时简单的一句理解与关心往往会使后面的教育事半功倍。正所谓"理解"缩短心与心的距离,爱让沟通有良好的基础。

☆ **灵活运用进退策略,爱让沟通更有力量**

● 以爱为本,"退一步"海阔天空。

在家长的意见与学校要求产生较大分歧而又难以协调时,有时需要采取"退一步"的策略,通过有技巧的沟通使家长逐步转变态度。

● 以爱为本,"进一步"合情合理。

在教育问题上与家长意见不一,产生冲突和摩擦是难免的,对某些情绪易激动、争强好胜的家长,教师采取"进一步"的策略,力求解决问题,将不良习惯扼杀在摇篮之中。

爱教会教师如何化解矛盾,"退一步"海阔天空;责任让教师在关键时刻"进一步",既避免矛盾的激化,又使家长理解与支持我们的工作,与我们的关系变得更融洽、更和谐。与家长沟通,进有章法、退有原则,进退自如,沟通才会更有力量!

☆ **家校合作,爱使沟通成为多赢**

另外,教师们可以借助书面沟通(发短信、电子邮件)、非语言沟通等方式方法,让沟通更合理、更有效。在日常与家长交流孩子的表现情况时,努力做到及时、全面、经常化,以正面引导为主,先报喜后报忧,避免当众指出孩子的错误和缺点,等等。

教师在取得家长对教育工作的理解、支持的同时,也要充分考虑家长的实际情况,区别对待,不能一概而论,充分挖掘他们的优势。此外,教师要悉心听取家长的意见与建议,及时调整、改进工作。即使是批评也要努力做成一门最具有穿透力的艺术,一种关心、一种爱护、一种给予和奉献。正如萧伯纳所说:"你我是朋友,各拿一个苹果彼此交换,交换后仍然是各有一个苹果;倘若你有一

种思想,我也有一种思想,而朋友间交流思想,那我们每个人就有两种思想了。"

家校合作,运用多种沟通策略,通过灵活的沟通方式,实现有效的沟通交流,使家校协作更密切,教育环境更和谐,孩子的成长更健康,让沟通成为多赢。学校与家长的沟通在教育工作中非常重要,要使沟通更有效,需要不断学习、不断摸索、不断总结。

54.要注重自己的仪态美

苏联教育家马卡连柯曾指出:"教师应衣服整洁,头发和胡须要弄得像样,鞋袜洁净,双手清洁,修好指甲和经常备有手帕。"

教师的仪表具有十分重要的教育和示范作用。教师的天职是通过自身德、智、体、美、劳的素质影响教育下一代,每时每刻通过自己的情态、语言、服饰、行为精雕细刻一件件社会需要的艺术品,同时自己又是一件由上一代人塑造而成的传播美的艺术媒体。教师无时无刻不在向学生展现自己的美,以提高学生的审美趣味和审美力。学生每天有三分之一以上的时间是在学校与各位老师相处,他们好奇地对每位老师进行观察,自觉不自觉地向老师学习。

　　教师的仪表对教师获得威信也起着重要的作用,与师生关系也有密切的联系。教师注重自身的仪表美,不仅仅是个人问题,在一定程度上也体现了教师对他人、对社会的尊重,是自爱、爱人、热爱生活的一种表现。仪表使教育教学更有感染力。学生在美的环境中接受熏陶,在美的气氛中成长,他们愿意在自己美的同时周围也是美的,教师应该满足他们的这种要求。美育是个过程,情感感染是它的特点,潜移默化是它的规律,没有情感感染和潜移默化就没有美育。如果人们长期生活在美的环境中,不断接受美的熏陶和滋养,日积月累,就会在不知不觉中形成高层次心理结构和心理定向,会对人的整个精神世界产生影响。

　　精神面貌是教师的灵魂,也是教师言行规范的心理基础。没有它,就算有再端庄的仪容、再斯文和谐的举止也不可能成为仪表优秀的教师。新世纪的人民教师,其精神面貌应同改革开放的进取、竞争、开拓和挑战的时代精神相合拍,给人以朝气蓬勃、振奋昂扬的形象。

　　仪容,指人的仪态风貌,即人的外貌和服饰方面的修饰。教师形象的美既有内在美,又有外在美。对外貌的基本要求是整洁。教师要有良好的卫生习惯,面要净、发要理、牙要洁。衣贵洁,不贵华。教师服装不必都追求质料华贵、款式时髦,有时旧而整洁,反而更显其风度和涵养,给人以干净利索、精明能干的印象。一味求新鲜、追时髦而又不修边幅,则会显得落俗、平庸、格调低下。

　　一个教师的形象,不仅表现在他的容貌、衣着上,还表现在他的举止、谈吐、表情、态度上。这些仪表风度反映出一个教师的思想情操、意志、品德、人格、学识水平等,也是教师心灵美的主要标志。马卡连柯说:"教育工作人员和学生一样,需要说话的时候才说话,需要说多少就说多少,不能随便靠在墙上和伏在桌上,不躺在沙发上,不随地吐痰,不抛掷烟头。"因此,为留给学生良好的仪表印象,教师还应注意自己的举止风度,应使自己的举止庄重大方、谈吐文雅、富有表情、神态自然,待人亲切和蔼。

仪表是外在的衣饰容貌、言谈举止所反映出来的仪态或风姿与内在的品格情操和精神风貌所形成的风采或风格的和谐统一。一个人的外表修饰和言行举止特征,必会受到其内在素质的制约,因此,最根本的是要注意提高自己思想、道德、文化等方面的修养。

中小学生善于模仿,教师的仪表对学生审美观的形成起着重要作用。他们的审美观正处于形成期,教师仪表的好坏会直接使他们产生好感或反感,从而影响教师在学生中的威信,乃至影响他们上课时的效果。教师一走进课堂,就会成为学生注目的焦点,一言一行对学生的影响极大。优雅的风度、脱俗的气质、优美的语言、整齐的衣着、端庄的外表、工整的板书等,都有助于陶冶学生的思想情操,对学生行为产生潜移默化的作用。在强调培养人文精神的今天,教师必须对自己的仪表负责。在检查仪表时,教师应该以怎样的标准要求自己呢?

首先,教师的仪表要与教育教学的情调相适应,以便更有效地调动各方面因素传情达意、相互辉映,使其能更好地与教育教学内容保持审美情趣上的协调一致。

其次,教师的仪表要以学生的欣赏水平为前提。作为一名教师,就必须要慎重地把自己的仪表行为调整到符合受教育者的欣赏水平上,必须在为人师表的宗旨下,服饰打扮整洁朴实、美观大方,充分地把自己的审美观点和精神风貌呈现给学生;言行举止,应谨慎谦和、文明礼貌;为人热情真诚、落落大方,给学生树立一个既值得尊敬、又和蔼可亲的形象。

最后,教师的仪表还应与自己的性格特点相符,与自己的年龄特点相符。人们在不同的场合对服饰有不同的要求,教师的着装要同职业相适应,服饰灌注精神,重在协调。如果将人与服饰看做是一个整体,那么,首先就应该考虑与背景协调。在不同的场合着不同的服装,早已是很多人的共识,视具体情况,既可作"万绿丛中一点红"的对比,也可作"接天莲叶无穷碧"的烘托,但无论怎样,所选服饰的款式、色彩,都应与所处环境的整体气氛相协调。人的仪态千差万别、各具特点,很难用某种模式框定出来。只要自己多一些自信,多一些协调,便会找到适合自己的最佳装束,穿出个性、穿出风格,真正做到"衣如其人"。

55.维护良好的声誉

在每一个学校,每一堂课上,每一位老师都有自己的"声誉"。上一周的课之后,你的声誉就建立起来了。用不了多久,学生们就会传开,哪些老师很和蔼,哪些老师很幽默,谁留的作业最多,谁最关心学生,谁经常保留记录材料,等等。家长们根据孩子的话来判断老师的品行,老师们也了解彼此的品行。事实上,要客观公正地判断一位老师的性格和他的教学能力,我们无需亲自去听他的课。

有的老师总爱拖堂,那你就知道他的课堂管理是否得当;有的老师经常和孩子们一起在操场上活动,那你就知道他们的师生关系是否融洽;在走廊里走一圈,你就能听出来谁在上课;听听老师们之间的对话,你一样可以详细了解他们的态度、敬业精神和他们的综合工作能力。不论你是否愿意,都去听听学生们如何评价他们的老师吧。学校里,没有哪位老师想获得一个坏名声,但是很多老师的名声的确不太好。而摆脱坏名声的最佳方式莫过于第一次就不要给人这样的印象。这其中的道理简单得很:改变一个人留给别人的印象是一件相当困难的事情。所以教师上课一定要用心,尊重学生、兢兢业业、有始有终,让自己充满激情、不愧于心!

56.应善于调整和控制自己的情绪

所谓情绪,是指一个人对周边事物关系或主观心理的体验。人类丰富多变的情绪主要是由安静、喜悦、自信、愤怒、哀怜、悲痛、忧愁、烦闷、恐惧、惊骇、恭敬、憎恶、贪欲、嫉妒、傲慢、惭愧、耻辱等基本情绪所组合而成的,一个人在某一时候可能体会到其中某一种情绪,也可能体会多种交织的情绪。一个人对自我情绪的调控水平,直接影响他的工作成效和人际关系状况。教育心理学的研究也表明:教育者的情绪状态是影响教育过程及其效果的一个重要变量。教师积极、稳定的情绪(如喜悦、自信等)往往可以使教育过程气氛和谐,教育效果倍增。同时,也有利于增进自己和学生的心理健康。反之,教师消极的情绪状态(如忧愁、愤怒、烦闷等)常常是导致自己教育失常、教育气氛消极、教育效果低下的重要原因。还可能进一步影响到正常师生关系的建立以及师生双方的心理健康。因此，学会调整和控制自己的情绪，既是教师维护自身心理健康的重要手段，也是提高自己教育素养和教育效果的必要条件。怎样才能有效地调整和控制，使自己处于积极、良好的情绪状态呢？答案就是要控制冲动，握紧理智的情绪控制阀。

所谓冲动，是指情绪脱离了理智的缰绳，完全受本能的控制，听凭自己本能的驱使，其结果往往是伤害他人，也伤害自己。教师的工作，特别是班主任的工作很繁琐，时常会有令你愤怒的事情发生，若是一碰到这些事情就发脾气，不但无济于事，而且对青少年来说是一种心理虐待。这种心理虐待可以将一个孩子的自尊心和自信心完全毁灭。尽管愤怒是一种比较难控制的消极情绪，但必须要学会控制。如何才能消除自己的火气呢？下面两种是比较有效的方式。

重新评价法：即自觉地用比较积极的视角去重新看待使你生气的那件事。在教学教育中遭到学生的反抗时，你暴跳如雷、气急败坏地给他们扣上不尊师守纪的帽子，狠狠地批评了他们一番，最终并未能解决问题。反之，换个角度去想，可能是由于教师思想的局限性，引发学生的不满反抗；也可能是由于学生本身的独立性要冲破依赖性的束缚而反抗教师的管理指导。教师只有这样弄清原因后对症下药，才能化解反抗这种对立情绪。

冷静法：即发怒时独自走开冷静一下头脑，并且默默地对自己说，我现在正在气头上，如果我意气用事，或许会带来后悔莫及的结果。冷静其实是一种心态和气度，教师必须具有良好的心理素质和自我克制的能力,才能做到处乱不惊、遇事不怒,冷静、理智地处理好突发事件。

那么,教师该怎样调整和控制情绪呢?

首先,要有乐观的人生态度,良好的心理修养。班级工作中,可能每天都会有几件,甚至几十件让人担忧、令人不愉快的事情发生。如果我们不能够把握自我,产生烦恼而不能自拔,就没有良好的心情可言。教师作为普通人,当然有自己的喜怒哀乐,如家庭中的矛盾、同事间的纠纷、领导的批评、身体的不适等,都会给我们带来不好的心情。如果将这些不良情绪带进班级工作中,那么本来很和谐的气氛就会受到破坏。因此,我们不能不控制自己的感情和行为,既不因自己的不快而迁怒学生,也不因自己的愉快而在学生面前忘乎所以。对于教师特别是班主任来说,具有这种心理修养是何等的重要啊!

其次,要爱岗敬业。从教是一项无私奉献的事业,教师应以"捧着一颗心来,不带半根草去"的精神为主旨,热爱教育事业,不争名、不求利、不怕苦、不嫌累,时刻以充满热情、愉悦的良好情绪去迎接学生,让学生在轻松的气氛中接受教育。

再次,是要有序、高效地工作。教师特别是班主任的工作琐碎、繁忙,如不能有条理地安排好自己的工作,势必造成天天开"救护车",工作被动,情绪紧张。因此,教师应注意科学合理地安排工作,把各种工作有机地结合。这样,既能提高工作效率,又能使自己保持自信和乐观情绪,亲身体验完成工作任务后的成功喜悦。

此外,教师平时要积极参加健康的文娱活动和体育锻炼,不仅能宣泄和消除不良情绪,而且能锻炼身体、陶冶情操和培养意志力,有利于健康情绪的产生和保持。如参加工会组织的周末舞会、节日活动、野外活动等等。

总之，只有善于调节和控制自己情绪的教师，才能具有健康的心理，才能去矫正学生的不良情绪，进而培养学生的健康心理。因此，情绪的自我调节和控制是每位教师的基本教育素养，需要广大教师在平时工作、生活中做个有心人，不断地去学习和实践。

57.不要被态度消极的同事所影响

如果一个学校里面的教职员工超过三个人，其中必然会有一部分人态度比较消极。这绝不是说大部分的老师都如此，实际上，大部分老师都是非常乐观向上的。但是，即使只有一位消极的员工，其他老师也会受到极大的影响。迄今为止，还没有任何一所学校能够幸免。

作为老师，我们都站在一个岔路口，面临着一个相当重要的选择:向左走，还是向右走？你可以向左走——随波逐流，混日子;也可以向右走——只做符合学生最大利益的事。只能选择其中之一，不论怎么选择，你都不会孤独。不过，要知道，其中的一条路将会异常崎岖，需要你全身心地付出，就是右边那条。现在让我们来看看，在每一条路上，都有什么等待着你:

向右走——为学生的最大利益着想，利弊如下:

● 利:你的课堂将会成为令人兴奋的地方,学生的成绩突飞猛进。他们个个自信、自重,你也会受到学生以及教育界同行们的极大敬重,并对社会作出无法衡量的贡献。

● 弊:你将会相当辛苦,选择向左走的人可能会对你充满戒心。

● 最终结果:你将会成为一名快乐、成功、努力、有价值、有效率、称职且备受敬重的好老师,你将走入别人的灵魂深处,改变他们的命运。

向左走——随波逐流,混日子,利弊又如下:

● 利:你受到了那些消极人士的热烈欢迎,可以随时倒苦水,发牢骚,只给学生发练习题,上课混时间,下课留作业,工作一身轻。所有的责任,尽可能推到社会、家长、上级领导和学生的身上,而完全忘记其实自己就是负责人。

● 弊:上课时,你可能遭遇数不尽的管理和纪律问题——不过,这也是个供你发牢骚的好题材,知晓最新的小道消息,你不屑和讥讽的态度将招致学生的厌恶,教育界同行们也不会看重你。最后,你会意识到自己一步不慎,满盘皆输,到那时剩下的就只有后悔的份儿了!

● 最终结果:你将会不堪重负,人也变得刻薄痛苦。你将错过所有作为一名老师应得的回报。

何去何从,一目了然。记住,优秀的老师之所以成功,就在于他们作出了正确的取舍。请你也慎重考虑吧。

58.跳出互相指责的怪圈

如果你已当了两三周的老师,就可能被卷入"该怪谁"的这个怪圈。所有的家长都可能被卷进去,我们也逃不了。为什么呢?因为我们都会不时地受到指责。但问题的实质是这样的指责毫无益处,它不能促使我们前进,也不能改善教学效果,对孩子没有一点儿好处,而且还会浪费大量宝贵的时间和精力。

关键在于:每年,我们的课堂上都会迎来一群新的学生,由不得我们自己挑选,当然也包括学生的家长。来到这个课堂之前,我们对他们从前的教育状况一无所知。但是,我们要认为他们已经打下了一些基础,帮助他们进一步地成长起来。如果每个人都全身心地投入,哪里还有时间来责备别人呢?在有限甚至远远不够的时间里,我们只有一件事要做,那就是——真正教好每一个学生,为他们传道、授业、解惑,充分挖掘每个人身上的潜能。

59.寻找帮助

新的教育模式,新课程的改革都为教师的成长和发展提供了全新的环境和更大的发展空间,但是同时也对教师提出了发展的问题和挑战。在全新的课程和教学成长环境中,教师可以从哪里获得帮助?该如何寻找并把握各种学习机会呢?

援助环境主要是指帮助个体成长的环境,主要包括人际资源环境。就教师的发展而言,主要的援助环境是指教育教学的专家和自己的教师同事。

教育教学的专家,他们具有良好的教学效能感和教学监控能力,对教学中可能出现的问题有着丰富而详细的分类,同时根据自己的一套理论来开展工作,而不是把遇到的每一个问题都当作新情境来处理。专家型教师可以给教师们提供现实的教学经验,对教师的成长非常有帮助。

教师们可以向专家求助,但是如果教师们把自己成长的希望完全寄托在别人身上(比如专家),其实也就放弃了发展的自主权,更无法体会到研究过程的艰苦以及每次艰苦成长背后的快乐。专家的角色不是推着你走,他只是在你身旁提供引导,就像灯塔一样,可以帮助你看清自己处在什么地方,提醒你在走向前方的过程中可以向哪些人求助,甚至教会你怎样求助,但是他不能代替你确定发展的目标,也不能直接把你送到终点。如何到达终点只能取决于你自己。

同事之间的支持是教师身边最重要的成长支持,他们能够相互启发、帮助、切磋,表现出文明、奉献和相互理解等职业精神,对个人成长的影响是非常大的。

其他学科的教师因为不同的学科背景和不同的教学经验,也会给你提供更多的灵感和创造性。记得有位教师说过这样一件事情,说一位教师备课时,在牵涉到另外一门学科知识的情况下,他自己无法独立完成,就想到了一个办法,以教学沙龙的形式在校园里面贴了一张大海报,希望能够得到其他教师的帮助。结果有很多教师给他提供了帮助,而这位教师也得到了更好的成长。这个做法后来被其他教师纷纷效仿,队伍也越来越大,最后形成了自发的每周例行的教学沙龙。

当你期待别人先向你走出第一步的时候,记得别人也在同样期待你,如果要想获得成长,只有你自己先行动起来。

60.教师要以身作则

教育家加里宁说过："教师的一举一动都处在严格的监督之下，世界上任何人都没有受到这样严格的监督……他的世界观，他的品行，他的生活，他对每一个现象的态度都这样或那样影响着他的学生……"作为与学生朝夕相处的教师，许多的行为都能潜移默化地影响他的学生。要想树立学生的自信心，自己必须先充满自信。所以，作为一个老师应该从各方面充实自己，让自己先变得自信起来，注意自己的言行举止，给学生树立榜样，共同在知识的海洋中自由地遨游。

作为一名教师应该以身作则，认认真真、踏踏实实做好每一件看起来微不足道的事。

教师是一份神圣的工作，一直以"人类灵魂的工程师"之称而誉满天下，现在教师的地位也正在不断提高，正因为这样就要求现在的每一位教师都能够与此相匹配，真正做到名副其实。

正如海德格尔所言："教比学更难，教比学难是因为教意味着让人去学。真正的教师让人学习的东西只是学习。"他还说："真正的教师要以身作则，向学生们表明他应学的东西远比学生多，这就是让人去学。教师必须比学生更能受教，真正的教师对自己的事务比学徒对自己的活计更没有把握。"

就此而言，对于教师的要求仍然是那句话：做人类灵魂的工程师。只要现在认真、踏实、实事求是地做好每一件小事，那么学生就能更好地成才。其实这也是我们的共同目标。

以身作则是教师职业道德的一个重要方面。

教师从事的是培养人的工作,教师最有影响力的手段是"言传身教"。也就是说,教师是用自己的学识、思想品质、人格以及言行举止来对学生进行教育的。无论哪个层次的学生都自觉或不自觉地以教师为榜样,教师是学生学习做人的重要参照对象。人们常说的"教师是镜子,学生是教师的影子",就充分说明了教师的言行在学生发展中的作用。

以身作则要求教师必须做得到言行一致、表里如一。言行一致、表里如一是教师完美人格的一种表现,这种完美的人格要求教师要带头实行自己所提倡的道德标准和价值观念。

以身作则要求教师要使用文明语言。语言是思想的外壳,是教师交流思想、传递信息、完成教学任务的主要工具,因此,教师的语言一定要文明。语言美不仅要求教师语言要文雅,而且要健康、高尚、准确、生动,富有教育意义。

以身作则还要求教师要仪表端庄、朴素大方。因为教师的仪表在一定程度上体现着教师的修养、品德、作风和气质,对学生有很大的示范作用。

因此,教师的以身作则,具有极其深远的意义,我们教师要努力做到以身作则。

学生是具有模仿能力的,他们时时刻刻观察着老师的一举一动,并在某些方面进行模仿,所以老师在学生面前必须起模范的作用。记得在一次大扫除中,某位教师为了使每位同学都能认真、负责地完成任务,他首先拿起一块抹布,带头擦玻璃,并力求擦得干干净净。行动是无声的语言,不需要任何鼓动性的语言,就已充分调动起学生的劳动积极性,大家都自觉地按照老师的分工,热火朝天地干起来,并且在质量上还会与老师比一比,看谁干得又快又好。

事实证明,在教育工作中要努力做到:正人先正己,时时事事做学生的表率。如:教育学生遵纪守法,教师就不能有违法乱纪行为;教育学生不怕脏、不怕累,教师就必须做到亲自动手、吃苦在前,做好学生的带头人,否则,即使你说得天花乱坠、头头是道,也不会得到令人满意的结果。

61.保持良好的干群关系

教师与学校领导从行政上说是上下级关系,但这种关系同老板与打工者的关系是有本质区别的,同政府长官与部下之间的关系也是有本质区别的。在学生眼里,领导和教师一样都是教师;从受教育程度上来看,领导和教师都是知识分子;从工作目标上来看,领导和教师都是为了让学生的身心健康发展。因此教师和校长以及其他学校领导之间的关系首先应该是肝胆相照的合作者,千万不要把教师当成可以用来居高临下呼来唤去的"被管辖者"或是"打工者"。

良好的干群关系需要干群双方都付出努力。人心都是肉长的,领导也是人,他们也有七情六欲。从领导的角度想一想,其实当领导比当教师更难。教师最好能够换位思考,体谅领导。

☆ **教师需要尊重,领导也有自尊的需要**

第五章
职业精神：
教师最大的美

作为教师,应该支持领导的工作,服从领导的正确决定,不要以公开表达对领导的不满或当面顶撞领导来显示你的"勇敢"和"独立"。金无足赤,人无完人,领导也是凡人,也会有这样那样的缺点和错误,不要用有色眼镜看待领导,要对领导的努力和工作给予客观的肯定和承认,教师作为学校的主人,对学校领导有什么意见或建议应该开诚布公地提,但最好单独与领导交谈,不要当众让领导下不了台,更不要在领导采纳了你的合理化建议后到处炫耀你是多么能干,连领导也得听你的。

☆ **教师有成就欲,领导也需要有成就感**

凡是有事业心的领导都希望学校工作取得更大的成绩,办学水平有新的提高。教师要想得到领导的重视和满意,最好的办法是努力工作,创造性地完成任务,最好有所创新,为学校带来荣誉。只要领导稍微有些素质,稍微出以公心,领导就一定会注意你并且重视你,你也更有可能与领导建立良好的干群关系。

☆ **教师是社会人,领导也是社会人,他们也需要朋友和友谊**

如果希望自己与领导建立良好的人际关系,那就既不能恃才傲物、自命清高,见其"退避三舍",也不必低三下四、自惭形秽,"敬而远之"。要有一颗"平常心"和"平等心",心平气和、大大方方、从容不迫地与领导平等相处。通过一段时间的友好交往,你也许会发现其实领导与你有着共同的志趣和爱好,这时,你可能已经与领导成了无话不谈的知心朋友。

62.建立和谐的同事关系

学校是一个集体,教师在学校里是作为一个教育集体共同担负育人任务的。教育过程不可能只靠一两个教师来完成,而是必须依靠整个教师集体的协作、配合才能完成。所以我们说独木难成林,这是学校教育方式的一个基本特点。只有教师集体同心协力,才能对学生产生一致的积极影响,才会培养出德、智、体、美、劳全面发展的社会主义接班人。由此来看,教师必须首先确立这样一种集体观念,才能在处理同事关系时做到顾全大局。同事关系和谐,身边有一些理解和关心自己、可以推心置腹的教师朋友,心里就会多几分安全感,工作就会充满快乐。否则就可能出现各自强调自己所任学科的重要性,互相争课时、争自习,竞相多留作业,或者在教学经验、参考资料和教学方法、技巧等方面互相保密,各自为战的现象。总觉得身边的同事都对自己不怀好意,那样的话就会整天生活在怀疑和忧虑之中,工作和生活就很少有快乐可言。

第
五
章

职
业
精
神
：

教
师
最
大
的
美

☆ **良好的同事关系是教师个人成功的条件**

教师的劳动成果是集体的，教师的所有努力都是为了学生，而一个德、智、体、美、劳全面发展的学生必然是全体教师共同努力的结果。因此教育工作的本质决定了教师之间必须是合作的，良好的同事关系是教师个人成功的条件。

☆ **良好的同事关系是教师个人成长的重要环境**

教师群体是教师个人成长发展的最微观和直接的环境，教师之间的互相切磋、互相帮助，使教师增长教学才能和教育智慧。良好的人际关系使课间和课下的办公室成了教师集体研究工作的好场所。

☆ **良好的同事关系有利于教师的心理健康**

教师的工作繁重又琐碎，教师经常处于比较紧张的状态，而且经常会遇到挫折，教师的环境又相对封闭，与外界交往少，因此教师非常容易产生孤独感和无助感。在这种情况下良好的同事关系能给教师强有力的心理支持，缓解心理压力，并且可以帮助教师出谋划策,解决问题。

教师之间的职业竞争日趋激烈,这种竞争应该是建立在合作的基础上的竞争。新世纪的教师必须彻底摒弃文人相轻、孤芳自赏的陈腐习气,努力做到互相理解、互相支持、互相帮助。这种人际环境的形成,需要每一个教师付出自己的努力。那么教师们应该从哪些方面来调适自己呢?

☆ 做个虚心的学习者

虚心向他人学习是促进人际友好交往的催化剂。试想,当你遇到疑难时,真心实意地向他人请教,这满足了对方被尊重和自我实现的需要,对方心情舒畅,不仅乐意帮助你,而且也会真挚地向你敞开心扉。与此相反,嫉妒既不利于进步也不利于人际交往。当一个人的心灵被嫉妒心控制时,他就会因为别人的成绩和进步而苦恼,从而深深地伤害自己。如果这时候能做个虚心的学习者,对自己说"我应该虚心向他学习,把他的优点和长处学到手",那么就能远离嫉妒的苦恼,一切由嫉妒引起的麻烦将会化解。所以,要提高自己的人际交往水平,首先就应让自己做个虚心的学习者。

☆ 真诚、坦率的人更受欢迎

所谓真诚,就是处事要真、为人要诚,讲真话、办实事、不虚伪、不说谎。人们愿意与真诚的人相处,对虚伪的人避而远之。

要做到真诚,必须表现真实的自我。在与人交往中,如果为了迎合别人而装模作样,扮演违心的角色,不仅苦了自己,也会被别人看轻。"逢人只说三分话,未可全抛一片心",往往会阻碍人与人之间心灵的对话与沟通,最终导致封闭了自己,拒绝了别人。其实,金无足赤,人无完人,每个人都有缺点,如果能在他人面前暴露自己的缺点和弱点,反而能让人感受到你的真诚,拉近彼此的距离,促使对方也向你袒露心迹。

表现真实的自我,最忌讳的是当面一套,背后一套。调查表明,教师最讨厌这类同事。这种人没有个人原则,在人前好说奉承话,在人后满嘴的意见和牢骚,不仅让当事人心寒,也让周围的人不屑,大家大都不愿意与他交往,因为"在我面前这样攻击别人,谁知道在别人面前又会怎样攻击我!"因此,从交往的角度来讲,可以当面提不同意见,但不要背后讲人家坏话。假如真想在背后议论别人,最好讲讲别人的长处,这样产生的效果比当面讲他的长处要好得多。

☆ 换位思考:假如是我又会怎样

人人都希望得到他人的理解和尊重,同样,他人也希望得到我们的理解与尊重,我们不希望发生在自己身上的事,往往也正是他人不愿发生在他们身上的事。所以我们在追求快乐的同时,千万不要妨碍别人的快乐。

在人际关系中,人们很容易犯这样一个毛病:对自己给予别人的好处,长时间地记得清清楚楚,而对别人给予自己的好处,往往时过境迁,日渐淡忘。于是当自己帮助了别人时,往往"施恩图报",念念不忘"滴水之恩当涌泉相报",如果对方"不报",就会耿耿于怀,埋怨对方没良心;而别人已帮了自己好多次,偶尔一次稍有怠慢,就将人家以前给予自己的好处丢到九霄云外,愤愤然指责别人不肯出力,我们不妨换位思考:"我自己又做得怎么样呢?"从而时刻提醒自己,多多回忆别人给予自己的好处,多多反省自己的不足;付出的时候,不要期待任何回报,否则一颗心牵挂着结果,反而更难有收获;经常保持对他人的感恩之心,称赞别人也会令你自己更快乐,因为称赞别人会帮助你把注意力放在正面的事物上,一旦你将焦点放在正面的事物上,你的生活就会更加充满希望,你与同事、朋友之间的友谊就会长存。

☆ 宽容和宽恕能使心里充满阳光

宽容确实是一种美德,对教师来说,宽容待人主要表现在以下两个方面。

● 一是不为小事斤斤计较

由于年龄、性格、认识事物的水准、处理事情的能力和方法的不同,教师之间难免会产生一些矛盾:两个班同学吵架,甲班班主任认为是乙班学生太过分,乙班班主任认为是甲班学生错得多;同上一个班的课,语文老师认为数学老师过分抬高数学的价值,数学老师认为语文老师只讲语文的重要性;等等。如果不能宽容待人,我们会因此整天伤心气愤,既伤和气又伤身体。所以碰到这类事,我们不妨对自己说"何必呢?退一步海阔天空!"

● 二是对成败得失有客观的评价

现在的业务竞争日益激烈,每个人要想在专业上取得成功,无一例外地需要花费大量的时间和精力。但是人们对自己和他人的成功和失败往往会给予不同的归因。由于人们亲身经历了奋斗和艰辛,往往会把自己的成功归因于能干和努力;由于人们不了解别人的奋斗过程,所以往往把他人的成功归因于幸运和机遇。在生活和工作中,要真诚地给他人以赞美,给他人以鼓励,就能冷静地给自己以提醒,替自己找到努力的方向,这样我们就不愁没有友好和谐的同事关系。

63.不要传播流言蜚语

古谚语说得好："和你一起传播流言蜚语的人，一定会传播你的流言蜚语。"静下心来想一想，背后说别人坏话只会给自己造成伤害。没有任何人会因为传播流言而赢得别人的尊重。很多时候，有的学生之所以被不公正地对待，就是因为还没有见到他们的时候，老师就已经受到了"警告"而对他们抱有偏见。教师们应该经常想一想，作为老师，如果领导总是通过你以前在教学和生活中所犯的错误而打量你、评价你，这是不是很可笑？那样的话，等不到新的一年开始，你就"完蛋"了。但是，不幸的是，现在每年都有学生因此而"完蛋"。老师们彼此之间总是随意散播一些对学生伤害很大的言辞。如果你是老师，不可避免地会遇到某些试图向你传播流言蜚语的人。千万别卷入其中，不仅仅是因为这种行为违反职业道德，而且也因为这和教师所崇尚的伟大理念——帮助他人，为他人服务——背道而驰。如果你不打算说别人的好话，那就请保持沉默。

64.拒绝堆砌教学资源

研究显示，从积累起来能铺满一条道的学生成绩单里，就可以看出一个不合格老师的工作效率。对有些人而言，这个结果很神奇。但是,无需什么调查研究,只要看看那些累积起来能铺满一条道的 X 光片,我们一样能看出一位外科大夫的实际能力,这不是很有趣吗? 每个人都有这样的常识。现在提一个问题:病人在手术台上奄奄一息的时候,我们是不是要给主刀大夫买一把新的手术刀、一套新的录像带或者马上收拾一下手术室? 那为什么在学生成绩不佳的时候,我们教师总是要给他买更多的辅导资料,启动更多的教学项目或者一味地改善外部学习环境呢?

要证明这一点,请把自己想象成一位正为不知该让孩子上哪所学校而苦恼的家长。一所学校教学资源不多,教学项目也很少,但却有很多优秀的老师;另一所学校资金充足,项目繁多,但没有多少优秀的老师。你会选择哪一所呢? 事实上,我相信,任何一位家长、老师或者领导都会愿意选择那所有优秀教师的学校。在能力欠佳的教师手里,再好的教育项目也会宣告破产。大夫好,手术刀才能用好;教师好,教学工具才能起作用。能力欠佳的老师只会"囤积"这样那样的教学资源,而优秀的教师看重的则是精雕细琢,慢工出细活。

65.教师要做一个学习者

教师是学生学习活动的组织者、引导者和规范者,它启示我们,教师的职责并不是将知识的结果直接告诉学生,而是组织学生的学习活动,引导解决问题的方向,制定学习活动的规则,协调学生之间的关系。

在进行科学课程探究式学习的实践中,我们深深地感悟到一个新的教师观:教师还应当是一个学习者。教师作为学习者的意义主要表现为以下几个方面。

1. 教师应当跟学生一起去学习,忧学生之所忧,乐学生之所乐。

在传统的教育中,教师是知识的拥有者,教师的任务是向学生输出知识。由于教师对学生学习的知识早已知晓,学生的困难在他看来并不是困难,学生的发现对他来说也并不新鲜。这使教师与学生很难产生同样的感受,而师生之间不同的心态往往会对学生的学习产生不良的影响。

在探究式学习中,教师的任务是带领学生共同去探究新知。为此,教师应当与学生有一样的渴求新知之心;他应当与学生有着共同的忧愁和欢乐,但不应因自己的情绪对学生的学习产生消极的影响;他希望学生的学习获得成功,但却并不苛求学生的每一次努力都能获得成功,因为他知道,学习是一个曲折的过程,尝试中的失败对学习来说是十分正常的。他应当对学生点滴的进步表现出莫大的喜悦,对学生每一个小小的发现都产生极大的新奇感,并加以赞赏。因为他知道,激励对一个学习者来说是何等的重要。

2. 教师有时应当故意"稚化"自己,把自己"退化"为一个初学者,想初学者所想,像初学者一样在经历错误中进行学习。

教师是专家,而学生则是初学者,两者之间存在着明显的差异。但专家也是从初学者成长起来的,实际上,学生学习中出现的许多错误,也是教师当初学习时经常犯的错误。只是已经成长为专家的教师,忘了初学时的经历。所以,教学过程中,教师有必要暂时"稚化"自己,将自己"退到"初学的状态,来思考学习的过程。这样才能走近学生,了解并理解学生。

3. 教师要坦诚地承认自己的不足,善于发现学生的优点,并向学生学习。

传统的教师观认为:教师是知识的传授者,学生是知识的接受者。所以,传统教育只有学生向教师学,而不存在教师向学生学。但时至今天,这种单向的教与被教的关系已经受到了极大的动摇。这是因为:

首先,我们今天所生活的社会是一个信息化的社会,新的事物层出不穷,知识以前所未有的速度急剧地增长。教师在十几年的学校学习中所获得的知识由于遗忘和老化,所剩下的部分已经越来越难以适应时代的需要。而学生不但在课堂上从教师那里学到知识,他们还可以从家长,从电视、报纸、书刊、互联网等大众媒体中获得更多的知识。由于成人常因"有用"而学,而孩子常因"有趣"而学,这就使得学生在某些方面可能会比教师的知识更丰富,知识面更宽阔。

其次,传统的接受式教学是一种"独白"式的教学,课堂上传授的知识基本上来自教科书和教师的大脑,教师传递给学生的都是教师已知、学生未知的知识。教师的任务是清晰地表达所传授的知识,学生的任务则是正确理解教师传授的知识。而在探究式学习中,师生之间构成的是一种交往与对话的关系。在师生互动过程中,会生成许多新的知识。

最后,学生在学习过程中会表现出许多优良的品格和超常的智慧,教师除了予以充分的赞赏和肯定之外,也应善于从中进行学习。

第五章 职业精神：教师最大的美

作为教师，我们应当十分欣赏自己的学生能够拥有真正属于自己的发现，我们更应当欣赏学生那种敢于质疑科学结论的精神，这不正是我们一直所要追求的科学精神吗？我们还应当欣赏学生所说的"这是我们两个人的发现"这句话，这不正是我们所倡导的合作精神、科学道德吗？我们应当承认，教师并不是完人，更不是圣人，在许多方面，教师并不比学生高尚许多，所以，在给予学生教育的同时，教师也很有必要学习学生的优良品格。

4. 教师作为学习者，还应当是一名专家型的学习者，他应当善于运用学习的思维策略，并示范给学生。

认知心理学将知识划分为陈述性、程序性和策略性知识。陈述性知识是关于"是什么"的知识，程序性知识是关于"怎么做"的知识，而策略性知识则是关于"怎样进行思维，怎样进行决策"的知识。新手学习往往关注陈述性知识和一部分程序性知识，而专家学习则较多地关注策略性知识，这是专家解决问题的能力高于新手的一个重要原因。因此，作为专家型学习者的教师，应当在与学生共同解决问题的过程中，经常提醒学生思考"为什么？""你的困难是什么？""你下一步应当做些什么？""你能不能换一个说法？""你更坚信哪一种可能性？""你能不能倒过来想想？""你见过与此相类似的问题吗？"

66.尽自己的能力做一名最好的老师

什么样的老师是最好的老师呢？静下心来想想，其实也很简单,那就是做最好的自己就可以了。因为在工作上,做最好的自己,就会拿出自己的全部精力把该做的事情做好,会努力注意细节问题,争取做到最好。

做最好的老师,就是要做一个有思想的老师。我认为没有思想的老师是没有灵魂的,也不能真正地感动自己,当然更谈不上感动学生了。思想源于激情,而激情源于兴趣。下面是一位教师的自述:

我一直想做一名教师,因为可以与学生同行,教师应该也属于管理人才吧,可以提高自己的管理能力,同时也能研究孩子的发展心理与行为,我喜欢做这样的事情,所以我选择了做一名教师。从当老师的那天起,我就立志要做一名最好的老师,要无愧于自己,更要无愧于学生那渴求学到知识和渴望得到老师的爱的心。回首我走过的教育路程,从计算机老师转为班主任,这是我不悔的选择,因为我的兴趣在于研究学生,只有零距离地接触学生,才能更好地研究他们。因为有了兴趣,所以我每天的工作都充满着激情,充满着快乐;有了激情,就自然有了思想;有了思想,才会很自然地流露出一些对教育的看法,才会情不自禁地对自己和学生进行反思、总结,并想办法改进。我庆幸我从科任老师转向班主任工作,当然不能说科任就不能很好地研究学生,不能很好地提高自己,而是对我而言,只有密切地接触学生,才能产生更多的思想,才会有更多的感悟,记录下我教育的点滴。从我当班主任以来,我在所建立的博客中已经撰写了接近 400 篇文章了,访问量突破了七万多,在全国教师继续教育网排名也在前面。我看到这些数字时,觉得我是成功的。我静下来仔细地想了想,如果没有真实的感悟,没有真实的思想记录,是不会有这样好的结果的。在以后的教育生涯中，我还会继续记录下我的点滴感悟，也许等到几十年过去，我曾经留下的足迹，就是一笔宝贵的财富，大的成功是需要慢慢地积累的，没有根基的房子是不牢固的，唯有一层一层地把每个环节打结实了，建设的楼房才会牢固。现在的我，也经历了很多顺境和逆境，虽然不知道在别人的眼里是不是成功，但我自己却更加自信和快乐，因为我学会了把远大的理想变成具体的奋斗目标——做好每件事，快乐每一天。我追求的是一种大的成功——想做一名研究型的老师，这就需要我在平凡的工作岗位上细心观察和不断地积淀自己，做一个有思想的老师，相信总有一天，量的积累会产生质的飞跃！

做最好的老师，首先要懂得宽容。人一生下来，就注定以后要融入社会，而社会是一个群体，融入社会就要涉及到与很多人进行沟通，而人与人之间本就不同，社会本身也是一个矛盾体，所以我认为，人与人之间产生一点分歧，一点矛盾，也是再正常不过的了，当然也是可以理解和体谅的。所以，要常怀一颗宽容的心去对待周遭的人，当然也包括同事和学生，这样我们会快乐地度过每一天的生活，要用平常心对待一切，给别人机会也就是给自己机会，学生犯错误，作为老师要理解并第一时间宽容他，老师应该说是学生最信任的人了，如果老师都不能宽容和理解他们的话，那他们幼小的心灵将受到何等的打击，就像一棵幼苗，如果不能及时的给以扶持和灌溉，后果是不堪设想的，退一步来讲，学生的成长历程本来就是从未知到已知，他不知道的事情，可能会犯错误，试想想，如果学生什么都能做，什么都很好了，他们还来学校干什么呢？来学校的目的就是学习新的知识，这里的知识不仅仅指的是课本知识，而是广义的他不知道的知识，包括各方面的礼仪、文化、为人处世的哲学道理等等。所以，我们作为老师要宽容对待学生的暂时错误，要细心地帮助他们，提高他们。拥有一颗宽容的心，你会快乐一辈子的。

做最好的老师，要注意细节问题。我们常常说细节决定成败，确实是这样，就我而言，感触颇深。刚参加工作的时候，不是这儿忘了就是那儿丢了的，经过两三年的锤炼与打磨，我现在想问题相对于以前来说，可真是一个天上，一个地上。现在想问题，比以前细致很多，考虑问题也周到很多了，做什么事情，都要求自己尽量不给别人造成麻烦，要想不给别人造成麻烦，就只有注意细节问题，把细微的事情都要想到，或者将要发生的事情预先设想到，这样才不至于当事情发生的时候手忙脚乱的。对待学生也是，老师要注意学生的细节问题，首先把这些细节问题处理好。老师可是学生最直接的榜样，一点马虎都不能有，如果出错，要跟学生道歉，让学生明白做人的道理，勇于承认错误并不是可耻的事情，而是勇敢地提醒自己下次要积极地改正。也许一句不经意的话都会影响学生的一生，所以我们说话的也要仔细斟酌，看会不会伤害学生幼小的心灵，言传身教，也许就是这个意思吧，老师们都要注意细节。

做最好的老师，也需要我们做一个学习型的老师；做最好的老师，要不断地超越自我。让自己的人生快乐、充实、有意义，要过不虚度此生的教育生活。

67.不要把私人问题带到课堂中

是的,除了教学,我们还有自己的生活,也有许多的烦恼和挫折,这很正常。不正常的是让这些个人的烦心事影响到学生的学习。有一次,我就听到朋友向我抱怨这样一件事,一天上课铃声响了,学生的纪律很差,老师一进门就生气地说:"我今天过得不顺心,孩子生病整整折腾了一夜,所以我警告你们,我今天心情不好,我也很想上好课,但是太累了,没办法。我们的进度已经落后了,今天必须得赶上去。所以老老实实坐在你们的座位上,别给我找事!"

学生们提心吊胆地听了一节课,对此很不满意,家长也是一肚子牢骚,这位老师各方面都很好,但就是因为爱把私人问题带到课堂上,让学生的感觉非常糟糕。

回想我初入这行的时候,工作的压力及强度并非我在择业时理解的那样,我的梦想在一点点被撕碎。课堂上我也会经常对学生发牢骚,给他们讲现在的钱不是好挣的,不好好学习就会像我一样工资低而且工作难处理,一旦你们进入社会,繁忙的工作,生活的琐事不允许你们再去选择……每当上课气氛不好时我就郑重地给学生讲,讲了一遍又一遍,后来我私下找一位学生谈话,学生说:"老师,我们知道你为我们好,可是我们的压力好大。"是啊!我怎么没意识到这一点,我将自己的工作压力施加给了学生,将我自己的不如意也施加给了学生,在这种环境下,学生能够安心地学习吗?他们感到的是一种忧虑、一种恐慌,研究已经反复证明,感到焦虑或紧张的时候,人的大脑就会专注于如何消除这种焦虑和紧张感。在消极的环境下,学生的学习效率非常低下。

因此作为教师我们应该让学生安下心来。安心、放松,他们就会全力以赴,勇于接受挑战,而且遵规守纪。他们也会因此而获得成功。

68.不要带着怒气行事

作为教师,首要的就是要有敬业精神。教师这个职业不同于其他的职业,我们面对的是思想观、价值观还没有定型的孩子,我们的一言一行将会成为孩子的榜样,我们常说做事先做人,那么我们培养学生又何尝不是这样呢?

现在的学生大多是独生子女,性格倔强,不服输,可能有时对老师讲的课都会提出异议,喜欢展示自己的才干,偶尔也会自满,所以在课堂上随时可能会出现不同的状况,老师为了完成教学任务不得不打压,而矛盾就出在这里,老师往往也会不冷静。在课堂中,时常会出现这种情况:当老师上课时有学生讲话,老师会先警告不要讲话,可是保持两分钟,学生又开始讲话,教师接着暗示要保持安静,数次无效后教师开始大吼大叫,情绪开始失控,重者可能出手。面对这样的情况,学生开始害怕,同时他们也无法理解教师的情绪为何会这样失控,毕竟学生是崇拜老师的。看到这一幕,他们只能在心里打上一个问号,原来这就是解决问题的方法?下课学生还会模仿取笑,甚至有一天这个学生也当老师了,那么这一幕可能还会重演。试问教师是以教书育人为目的,还是以完成教学任务为目的呢?我想很多人都会回答前者,但能做到的又有多少人呢?所以教师要学会控制自己的情绪,当你要生气的时候,就先"从一数到十"或者尽量让自己平静下来以后再讲,平静以后解决问题就会理智很多。在平时工作中因为没有控制好情绪,而草率处理问题的老师,我想事后一定很后悔,而且失控带来的后果也是很危险的,当这种情绪在学生身上发泄的时候,一定会造成学生的心理压力,严重的会导致学生产生心理疾病,甚至会出现更严重的后果。

想想那些童真的眼睛,想想那甜美的笑容,如花般的年龄,我们能给予他们什么?知识只是他们成长所需的一部分,他们更需要关爱和理解,更需要老师亲身示范,他们只有真正懂得尊重别人的道理,才能尊重别人,懂得好好学习的重要性,他们才会好好学习,强行让学生接受已不能适应现今这个时代的要求了。

平时老师也会说我是人不是神,有自己的性格和脾气。但千万不要忘记在学生面前,你更是个受过高等教育、懂得育人道理的成年人,更需要用职业的敬业精神来审视自己,冷静地处理好课堂上的突发事件,不以伤害学生为代价。想到这些我深有感触,我也有控制不住自己的时候,虽然是偶尔,我也觉得自己失职,在以后的工作中我会更多地去学习如何以榜样的形态展现在学生面前,让学生真正获得身心健康发展。我会尽自己最大的努力做到,这是作为一名教师的职责。

69.时刻保持镇定

决定我们在别人心目中的形象的不是我们的感情,而是我们的行为。一位老师最难获得的能力之一就是不管如何,都能控制自己的行为,时刻保持镇定。没错,学生们会时不时地"试探"你,这让你紧张不安,让你不堪重负——不是因为他们的品行有问题,而仅仅只是因为他们还是孩子。对孩子们而言,能够控制大人的情绪是相当了不起的"本事"。给你一个建议:千万别上他们的当。有时候你的确会情绪低落,这很正常。但是说话时横眉立目、咬牙切齿,一边瞪着天花板,一边叉腰跺脚、唉声叹气或者大吼大叫只会让学生暗自窃喜:你又着了他们的道儿,你输了,现在他们已经完全控制了你。严肃未必就要面带怒气,你可以用更周全、更专业的方式,来督促孩子们守纪律。要知道,发脾气可从来没有什么"适当的"时机。作为一个职业人士,你的行为举止也要有一个职业人士的样子。因此,绝不要让别人看到你面红耳赤、焦躁不安的样子。等到学生们意识到你不和他们玩,不上他们的当的时候,他们就会放弃这些小把戏了,而你呢,反而赢得了他们的尊重,更重要的是,还为他们树立了一个良好的榜样,而这恰恰是他们迫切需要的。

70.教师个人发展规划

教师个人发展规划,是指教师个人规划自己的幸福蓝图。涉及到三个方面:教师个人的物质生活,教师个人的身体健康和教师个人的精神生活。这三个方面规划的满意度,决定教师的幸福程度。

1. 教师发展不必以物质生活尤其是经济生活为唯一主题,但也不必羞谈对物质生活尤其是经济生活的向往和追求。

教师的教学是一种劳动,需要获得应有的报酬,这是对人的价值的肯定。教师最先考虑的是:何时涨工资,福利多不多。而学校要求的是完成多少工作量,各项教学指标、任务等。

学校的意图是可以理解的,在学校生活中,教师应注重自身专业发展,以提高自身教学能力为己任。但是教师将物质生活质量的改善作为教师个人发展规划的重要目标,这也是合情合理的。

2. 教师发展的基本前提是教师的身体健康。

对学校而言既要关注教师的专业发展又要关注教师的身体健康,教师只顾专业发展而忽视身体健康,是不正确的发展。教师不能以牺牲自己的身体健康为代价去追求事业心与责任心的美誉。

3. 教师发展包含了完整而又幸福的精神生活。

教师个人是否有读书的习惯？教师个人是否有独立思考表达个人主见的习惯？教师个人是否有形成合作交流的意识？这些都影响着教师个人日常精神生活质量。

教师的个人发展构成了教师的整体专业发展,无数个教师的个人幸福构成了整个教师队伍的整体幸福。

71.自我反思——教师专业成长的桥梁

我们的一堂课犹如一场足球赛,既要有绝妙的攻防方案,流畅的传切配合,更要有踢好"临门一脚"的意识和功夫。面对变化不定的课堂,面对课堂上发生的教学事件,当我们以经验无法化解的时候,就需要通过反思来提升我们的教育智慧,同时,反思教学会使我们从日常教学中觉醒过来。美国著名学者波斯纳曾经提出教师成长的公式为:教师成长＝经验＋反思。无独有偶,我国著名心理学家林崇德先生也提出:优秀教师＝教学过程＋反思。更有学者指出,21世纪教师最重要的能力之一就是自我反思能力。反思能力的高低能反映出一个教师自我觉察水平的高低。

新课程要求教师具有的不只是操作技能技巧,还要有直面新情况、分析新问题、解决新矛盾的本领和在更高的起点上不断实现自我超越的精神,教学的生命力不是"复制"而是"创新"。同是执教10年的教师,经验型教师大多是将一年的教学程序重复了10遍,而反思型教师总是在批判前一年的基础上进行新的探索,走完不断进步的10年。英国学者洛克说:"反思是人对获得观念的心灵反观自照。"反思运用到教学上,就是要求我们教师借助行动研究不断探究和解决自身教学目的、教学工具等方面的问题,将"学会教学"与"学会学习"统一起来,努力提升教学实践合理性,使自己成为学者型教师。由此可见,自我反思对教师专业成长有着极其重要的作用。

在实施新课改的过程中,我们应持之以恒地做好反思,在新课标的指引下做一名反思型的教师。

☆ 认识自我,促进反思起步

常言道:不识庐山真面目,只缘身在此山中。有时认识自我往往比评价他人更难,然而这一步又显得那么重要,因为只有准确认识自己,梳理出自己的优势与不足,挖掘出自己潜在的生长点,才能点亮自己的闪光点。

结合自己的理解与实践体会,我认为可从以下几方面进行剖析,从而正确认识自我:

● 反思自己的教学业务现状及基本功现状,哪些是比较擅长的,哪些是有待改进的?

● 对照课改要求,自己在教学实践中哪些理念落实得比较到位或者比较有成就,而哪些方面又一直让你比较迷惑,很想改进却很难有所突破?

● 在平时的工作以及公开课、研讨课教学中,同行、领导或专家对你所表现出的专业道德如职业道德、敬业精神,专业知识如学科知识、教育教学理论、教育法规,专业技能如处理教材的能力、实施教学的能力、布置作业的能力、反思教学的能力、教学科研的能力等的评价如何?

这样就能站在一个较高的层面对自己的教学现状有一个理性的思考,只有进行了深入全面的分析才能做出客观的判断,在此基础上寻找有针对性的措施,并持之以恒地加以改进。近年来,很多学校每学期都要求教师们对照课改要求及本校的教师专业发展评价方案,认真分析自身实际现状,制订出自己的专业成长发展目标,并通过自评、他评、校评、家长评、学生评等方式检查落实情况,我们有理由相信,不久的将来教师们的专业发展就会成为现实。

☆ 找准问题,开展有效反思

我们都期待着自己的教育教学工作达到这样的境界:把课堂还给学生,让课堂充满生命的活力;把班级还给学生,让班级充满生长的气息;把创造还给学生,让教育充满智慧的挑战。学生是艺术品,我们欣赏学生。可常听老师们说"这现实与理想的差距怎么就那么大呢?"课改不是一蹴而就、立竿见影的事,不能急功近利、急于求成。在新课标的指导下我们不妨多从以下几个方面展开"自我追问"式反思:

● 我的课堂教学目标是否紧扣知识与能力、过程与方法、情感态度和价值观"三个维度"?达成度如何?

● 教学活动过程中是否有师生间的沟通与合作?是否能创造性地使用教材?

● 教学过程是否考虑到学生的个性差异?学生有没有奇思妙想?是怎样生成的?

● 如果我是学生,对这节课中教师的表现满意吗?

● 与同行中的榜样教师相比,我在哪些方面还有差距?

● 自己的教育是否心急气躁,是否违背规律,是否追求立竿见影?

● 自己的课堂,是在关注教案还是在关注生成?是在教知识还是在育人?是在展示自我还是在发展学生?

就这样,以持久的追问不断挖掘自我、反思自我、发展自我。在

第五章 职业精神:教师最大的美

反思中辨得失,在反思中去浮躁,在反思中寻规律,在反思中出智慧。坚持反思,学习、积累、实践才有实际意义;坚持反思,才有真正意义上的提高,才有教师专业的真正成长,才会在不断地实践、反思与改进中越来越走向成熟,你才有可能成为一名真正优秀的教师。

72.找回教师的职业幸福

　　教师的职业幸福就是教师在自己的教育工作中实现自己的职业理想的一种教育主体生存状态。教师的职业幸福也称教育幸福,对自己生存状态的意义的体味构成教师的幸福感。

　　近几年,由于方方面面的原因,有"人类灵魂的工程师"之称的教师的职业幸福感在不断地降低,每位教师都可能会思考我们的职业幸福感就这样消失了吗? 我想大多数教师都不会甘心,都会去追求我们的职业幸福的。

　　☆ 教师的职业幸福感源于和谐温馨的团队氛围

　　教师们在一起交流更多的是对学生、对教学、对班级管理中一些问题的思索和探讨,这样的氛围有利于我们共同努力、共同进步、共同提高。

　　☆ 教师的职业幸福感来源于学生

　　教师的职业幸福感来源于在学生成长中的点滴进步,他们带给教师工作上的满足感、成功感和成就感,也正是因为他们才使教师初次感受到自己工作的价值。作为特殊的产品——学生,是教师幸福的源泉。人,只要激发了他的内在需求,有机会展示他的能力并得到他人的认可,他的满足感就能转化为无穷的力量并使他获得愉悦与幸福。

☆ **教师的职业幸福感来源于自己**

如果说,教师获得职业幸福感的外因是来自于学生的进步、懂事和工作环境的和谐、融洽等,那么,其内因便是教师自己。如何自发地产生幸福感呢?

1. 有人生的目标、追求。

2. 常怀一颗感恩之心。

3. 要有甘于奉献的精神。

教师的职业是崇高的。随着时代的进步,社会对教师提出的要求越来越高,教师承受的压力也越来越大。但不管怎样,教师要努力培养自己的职业幸福感,让自己成为幸福的教师,还要成为播种幸福的教师。因为,教师的手里托起的是明天的太阳,我们希望明天的阳光永远灿烂。

第六章 影响力:永不消散的教师魅力

从管理学的角度说,影响力是指在人际交注过程中,某个人影响他人的心理和行为的能力。很显然,由于教师职业和地位的特殊性,其在与学生的交注过程中,必然自觉或不自觉地运用影响力去引导学生,以完成教书育人的目标。教师对学生的影响力是深刻而久远的。因此,教师能否运用好其影响力,不仅关系到教学和教育目标能否实现,而且关系到学生能否健康成长。

73.魅力:教师最有效的影响力

著名教育家陶行知说过:"一切最好的教育方法,一切最好的教育艺术,都产生于教师对学生无比热爱的炽热心灵中,产生于教师的魅力之中。"

所谓魅力,就是对人的吸引力。文章有魅力,别人就愿意多读;人有魅力,别人就愿意与之交往。教师有魅力,学生就喜欢与其多亲近,聆听其教诲。

教师是一个"魅力职业"。因为,只有感受到教师阳光般的温暖,孩子的心灵才会像花朵般绽放,完成知识的吸收和道德的完善过程。在一名教师的魅力结构中,学识魅力和人格魅力缺一不可,但位置不同、作用有别:学识魅力是"枝叶",而人格魅力是"树干";学识魅力是"血肉",而人格魅力是"骨骼"。没有人格魅力的支撑与照耀,学识魅力将无所依附、无从发挥其作用。综观古今中外的教育家,无一不是用自己高尚的人格魅力照亮了三尺讲台,为讲台下的学生和芸芸众生树立了人格参照与道德标杆。

具有高尚的人格魅力,不仅是教师个人追求道德完善、身心和谐的需要,更是本职工作对教师品质的要求和社会各界对教师形象的期待。教师师德建设的核心就是教师人格建设,"亲其师则信其道",学生最愿意接近什么样的教师?是具有高尚人格魅力的教师。社会对教育时有这样或那样的看法,教师需要什么样的品格来提升教育形象?是在广大学生、家长心里和在社会上具有巨大感召力和影响力的"魅力教师"。

"魅力教师"并非高不可攀、遥不可及。哪一节课,你上得妙趣横生,你就有了魅力;哪一次谈话,你打动了学生,你就有了魅力;哪一次家访,你感动了家长,你就有了魅力……无论你是太阳还是萤火虫,你献出了全部的光,你就有了魅力;无论你在喧哗的城市还是在宁静的乡村,你给了孩子们真爱,你就有了魅力……

"魅力教师"是一种"蓦然回首,那人却在灯火阑珊处"的精神境界,是一种"昨夜西风凋碧树,独上高楼,望尽天涯路"的人生追求,也是一种"衣带渐宽终不悔,为伊消得人憔悴"的行走过程。时代对优质教育资源、对优秀教师的需求,给了"魅力教师"成长的肥沃土壤;党和政府对教育事业的重视、对教师的关爱,给了"魅力教师"宽阔的发展空间。时代需要"魅力教师"吧,只要你愿意,每一位教师都可以成为"魅力教师",让我们都来做"魅力教师",让中国的教育成为最高贵的"魅力事业"。

那么,教师的魅力来自哪里?

教师的魅力不仅仅来自得体的穿着、脱俗的谈吐、优雅的举止、美好的姿态,更来自内在气质的自然流露,来自教师的优良品质,来自教师的善良与关爱,来自教师的宽容与公正,来自教师的敬业与正直……

一位有魅力的教师,能以渊博的知识培养人,以科学的方法引导人,以完善的人格唤醒人,以优雅的气质影响人。

一位有魅力的教师,能在生活、教学中追求美、创造美,更好地为教学服务,从而提高教学效率,提高学生的成绩,培养学生高尚的审美情趣和创造美的能力。

一位有魅力的教师，能尊重学生，对学生有亲近感，能走进学生心灵；能学会洞察孩子的变化，懂得呵护孩子的自信，懂得用不同的尺度去衡量孩子，会发现孩子的亮点、长处和不足；能用宽容的心态去接纳孩子，去亲近孩子，以坦诚的胸怀去理解孩子。

由此可见，教师的魅力具有强大的感召力和凝聚力，可以给学生撼人心魄的冲击和辐射，甚至影响学生的一生。

教师的魅力对学生的影响是潜移默化的，而且教师的魅力指数越大，对学生的影响也越大。教师只有不断提升自身的魅力，才能促使学生去赞叹、仰慕、效仿，从而增强学习的信心。那么，教师应从哪些方面来修炼自己的魅力呢？

☆ 拥有深厚的学识魅力

教师是先进的知识和文化的传播者，作为一名优秀的教师，必须拥有深厚的学识魅力。他除了有精深的专业知识外，还必须要有广博的知识。一个拥有深厚学识魅力的老师，是指引孩子们前行的一盏明灯，能给学生以广博的文化浸染，让学生在广阔的精神空间里自由驰骋，能够巧妙地把知识像涓涓细流一样注入学生心田。

☆ 具有丰富的情感魅力

热爱学生、尊重学生、信任学生、严格要求学生是教师道德威信形成的根本保证，教师只有拥有丰富的情感魅力，才能以崇高的职业道德去关爱学生，才会激发学生积极向上的力量。作为一名教师，要使自己像磁石般紧紧地把学生凝聚在自己的周围，那需要对学生全心全意的爱。

☆ 为人师表的人格魅力

教师的人格对学生有着最具体、最直接、最深刻的影响。"德高为师,学高为范"是对教师职业道德的诠释。因此,每一位人民教师都应加强自身修养,不断学习,提高思想认识和道德觉悟,平时严格要求自己,以为人师表的人格力量为学生良好思想道德的形成贡献一份力量。

☆ **举止优雅的形象魅力**

教师文明的言谈举止对学生良好品格的形成起着助推作用。教师的一言一行都是教师内在素养的外在体现,都会给学生以潜移默化的影响,而学生也正是通过这一点来了解教师的思想。因此,教师应注重形象魅力的修炼,平时处处关注自己的言行举止,处处给学生作出表率,教师的一颦一笑、一举手一投足都会产生意想不到的教育作用。言教辅以身教,身教重于言教,学生受到影响,不良的行为和习惯就能受到约束,得到改正。

☆ **追求完美的思想魅力**

一个人真正可贵的是他的思想,而使一个人真正有别于他人的也是思想。作为人师有思想才有光彩,有思想才有魅力,有思想才有价值,思想魅力是教师有魅力的重要标志。因此,教师要在工作中自觉地去思考、去探究、去发现、去表达自己的创见,并适时地总结、逐步磨砺自己的思想,从而成为一个有思想魅力的教师。

总之,教师只有虚心向他人学习,更加严格地要求自己,以年轻、健康、向上的心理素质和精神状态提升自己的魅力,才能与时代共同进步。

74.认识你的影响力

什么是影响力？影响力指的是一个人在与他人交往过程中影响与改变他人心理行为的能力。我们做老师的在向学生施教的过程中就是一个管理者,管理是要看你的影响力的。认识自己的影响力,充分挖掘自己的影响力的潜力,对我们做好教学工作和管理工作极有好处。

很多老师选择教书这个行业,是因为他们在上学期间受到了某一位或几位老师的鼓励和影响。有很多故事讲的就是某位老师如何影响了一个孩子的命运,甚至可以说拯救了他。要知道,不管我们教师是不是那样,学生都会认为我们神通广大、无所不能,除非我们让他们相信事实并非如此。所以,请你一定要意识到,在学生的眼中,你的影响力是非常巨大而又深远的。如果能够对一个学生的生活施以积极的影响,你就会影响他的将来,而且还会影响到他将来遇到的每个人。你永远都无法完全地认识到自己的影响力所辐射的范围有多广。你要记住,每一天,你的点点滴滴都将决定学生会受到怎样的影响,不仅是一时,更是一生。

75.认识自己将影响别人的生活

虽然我们教师常常忽视了自己能够影响每一个教过的学生,但是这种影响力是相当切实和深远的——我们希望它是正面和积极的,但如果不给它应有的重视和关注,它的后果也可能是可怕的,甚至是具有摧毁性的。盛怒之下,我们很可能不假思索就脱口而出一些不当的话语——对我们而言,这根本算不上什么,但学生就会记在心里,久久不忘。有一位老师讲过一段她的亲身经历。她说:"现在,我也算是一个小有成就的音乐家了,我的职业生涯应该是很成功的了,给大学生们讲课,应邀到各地表演。但是,我连支票簿上的收支差额都算不出来,这不是很令人难过吗?这是我五年级的老师造成的。对于那节课,我记忆犹新。那次,我站在黑板前,费劲地演算一道数学题。老师没过多久就失去耐心了,马上告诉全班同学我不行。她说我以后就甭对数学有什么指望了,结果呢,真让她言中了。从那以后,我一看到数学题就有心理障碍,一辈子都摆脱不掉。"有意思的是,最近她刚收到一位以前跟她学音乐的学生的电子邮件,邮件里面说:"我们常常忽视了词语的力量。你跟我说过的那五个字,令我终生难忘。它们是:'我为你骄傲!'"看看,仅仅她一个人的遭遇就同时反映出了老师可能施与学生的双面影响:有消极的一面,也有积极的一面。

作为一名教师,你将影响到每个学生的一生。这种影响力是积极的还是消极的,决策权完全在你自己的手中。

76.记住你"最喜欢的老师"

在脑海中搜索一下你一直以来最喜欢的老师吧。我们每个人都有一位这样的老师。找到了吗？如果已经找到了的话,现在你可能已经会心地笑了。

那么,请你列出这位老师的几个特点,还有你为什么最喜欢他(她)。一定要列完了再往下读,如果你让学生别往下读,而他们不听的话,你会不会很生气？所以,现在来实践一下你讲给他们的东西,开始列表吧。

有几千名教师参加了"请列出你最喜欢的老师的几个特点"这项活动。他们的列表有一些共性,作为教师的我们可以参考一下以下列表中的内容。

● 我最喜欢的老师人品很好;

● 我最喜欢的老师让我感觉与众不同;

● 我最喜欢的老师经常微笑;

● 我最喜欢的老师总是让我一学就会；

● 我最喜欢的老师总能让学习变成一件有趣的事情；

● 我最喜欢的老师从不冲我大喊大叫,也从不在同学面前使我难堪；

● 我最喜欢的老师尊重学生；

● 我最喜欢的老师从来不为纪律问题犯愁；

● 我最喜欢的老师给予我很多启发；

● 我最喜欢的老师能让一切都生动有趣；

● 我最喜欢的老师非常喜欢教书；

● 我最喜欢的老师非常喜欢学生。

这里面有没有和你的列表相同的内容呢？注意,上面没有一条提到教师的学历,也没有提到教师让学生背多少东西。而且还要特别注意,列表更多关注的是学生们把老师当作一个"人",以及老师如何让学生有"人"的感觉——与众不同、被爱、成功和满怀信心。

事实上,如果你能让学生相信你是关心他的,而且你也能够给他启发,那你就是他最喜欢的老师了。这并不是因为我们在这里开展一场"受欢迎程度"的竞赛,而是因为我们所做的事情要比争取学生的喜欢更有意义。我们的言行举止,正在影响着学生的生活,而且还将在他们的心灵中留下抹不掉的痕迹。

77.一生的激励

激励是一种引起需要、激发动机、指导行为、有效实现目标的心理过程。心理学研究表明,对人的良好思想和行为做出肯定的评价和给予适当的激励,能使人产生愉快的情感体验,并受到鼓舞而焕发出更大的积极性。对于成长中的学生来说,如果家长和教师在教育和教学过程中,能够掌握一些激励的技巧并加以运用,将会有助于学生们健康快乐地成长。

比起知识,学生们更需要激励,我们传授给学生的知识是重要的,但对他们的激励才能真正改变他们的一生。受到激励的人将会有更大的成就,只有知识而无激励,一个人可能一事无成。我们从不知道自己的付出能够影响多少人,但是可以肯定,我们的影响是一生一世的。认识并且利用这一点非常重要,激励了一位学生,你就影响到了他的整个未来,你也就改变了世界。作为老师,我们拥有无数这样的机会。激励和鼓舞每一个踏进自己教室的学生,从而一次次、一步步地改变这个世界,这是多么令人敬畏的责任!希望你永记不忘。

78.建立一个"我与众不同"的文件夹

无论你是新手上路,还是一位经验丰富的老教师,现在着手建立一个"我与众不同"的文件夹都为时不晚。这做起来很容易,但意义却非常深远。在这个文件夹里,请放入学生的便条、感谢卡、感谢信、家长来信,还有在某一个特别的日子里令你感到特别激动,或者温暖的某些事情的记录,等等。在你遇到了挫折,心灰意冷并开始怀疑自己价值的时候,把这些东西拿出来看一看,它们会再次确认你的价值所在,重新点燃你对学生和教育事业的热爱,并且提醒你——你已经选择了这个世界上最伟大的职业——教师!

在学生们的心目中,我们是非常特别的一群人,但是我们还是时不时地需要提醒自己,那就让这个"我与众不同"文件夹肩负起这份责任吧。

79.不放弃任何一个孩子

近乎绝望的时候,我们下定决心永不言败;孩子们耗尽了我们的耐心,我们需要不断地鼓励自己;想要放弃的时候,我们更要坚持。树立坚定的信念,不放弃任何一个孩子,尽心尽力,让每一个孩子都获得成功——这是我们的责任。当孩子们失败的时候,我们应该改变自己的方法,直到他们成功为止。请牢记以下几点:

● 每个孩子都是一个独特的个体;

● 每个孩子都有均等的机会;

● 每个孩子都有权利拥有一位有能力、有同情心又能够胜任工作的老师;

● 每个孩子的尊严都应该得到尊重;

● 每个孩子都渴望成功;

● 每个孩子都能成功;

● 每个孩子的身上都有可以挖掘和培养的优点;

● 每个孩子都渴望被爱和被欣赏——来自于每一位老师。

　　找到每一个孩子被生活的保护罩所重重掩盖的内心之美,并开发它,这是你的责任,你的权利,也是你的事业。倾情投入,创造属于你的奇迹吧。

第六章　影响力：永不消散的教师魅力

第七章　建立积极和谐的师生关系

苏霍姆林斯基说:"师生之间是一种互相有好感、互相尊重的和谐关系,这将有利于教学任务的完成。"和谐的师生关系是提高教育教学质量的良好起点。

80.点燃学生心中的火花

教师在教学中常常会遇到这样的学生,他们不爱学习、非常懒惰、不做作业,没有上进心,没有自尊心和荣誉感。这样的学生是令每个老师都感到头疼的。

面对这种现象,教师必须找到造成这种现象的根源。他们不爱学习,懒惰,不求上进的原因,一部分是孩子的家庭和社会环境造成的,一部分是老师和学生自己造成的。

某教师认真了解了所教班级一些不爱学习的孩子的家庭情况,有三个孩子的父母离异,靠爷爷奶奶照顾,一个孩子的母亲精神不正常,共有五个孩子失去了母爱,这导致了他们的心理不健康。这些孩子的学习基本无人督促。还有几个家长对孩子的学习没有任何要求,也不管他们。这些孩子在心理上缺少了温暖和被爱,很少得到鼓励的力量。

还有一种原因是老师造成的。无论是缺少形象思维的儿童,还是缺少分析思维的儿童,都会出现思维过程迟缓的现象。老师由于没有弄清这是怎么回事,常常作出关于儿童智力发展的完全错误的、过早的结论。对一些思维过程迟缓的儿童所发生的误会是特别令人痛心的。他们思维的迟缓性引起了老师的不满,于是使得儿童精神不安,他们的思想好像也麻木了,终于弄得什么也接受不了了。一些教师总是当着大家的面批评他们,这样使他们更加自卑,更加不想学习,他们听到的都是老师和家长的责骂。

根据以上的情况，我们不难发现，造成这些"坏学生"的根本原因在于心病。他们的心理需要温暖、需要鼓励。我们都知道每个人的心里都有想被赞美的愿望，都希望听到别人的肯定和表扬，学生更是如此。所以，心病必须用心药来医。

对于那些缺少爱的孩子，要用爱心来温暖他们的心。教师要处处关心他们，经常了解他们的生活和思想情况，让他们得到爱的力量，激发他们去勤奋学习。对于那些智力迟缓的学生，要降低他们的学习要求，经常鼓励他们，让他们体会到成功的喜悦。当着大家的面尽量不要批评孩子，要经常当着大家的面表扬他们。这些孩子心中的火花容易熄灭，我们经常说他们只有五分钟的热度，确实如此。教师要用水浇灭我们自己心中的怒火，而不是浇灭学生心中还冒着烟的将要熄灭的火苗，教师要赶紧想办法再次点燃学生心中将要熄灭的火苗，要花很大的精力去观察每堆火的火势，并不断地给他们扇风加油，使它们烧得更旺。千万不能点燃了就不管他们了，他们可能会熄灭。

当然，"点火"的方式很多，因此要找到每堆柴的易燃处——学生的闪光点。有的孩子体育很好，我们就从体育好的优点出发，引导他把体育上的拼搏精神用在学习上；有的孩子爱劳动，但是怕学习，我们就要表扬他，鼓励他劳动，苏霍姆林斯基说："儿童的智慧在他们的手指尖上。"我们应该逐渐地提高他们的劳动要求，增加他们的劳动难度，提高他们的劳动效率。他们会发现劳动不是那么简单，不动脑是做不好事情的，再进一步引导他们要热爱学习才能把事情做得更好。每个学生的身上或多或少都有闪光点，我们要从每件小事上发现它们。

点燃学生心中的火花,这是一个艰难而又需要细心的工程,也是一个爱心工程,考验着教师的细心、耐心和恒心,你的细心、耐心和恒心超过了学生,你就战胜了他。教师要永远铭记:寻找学生的闪光点,点燃他们心中的火花,不断地扇风加油,这才是使他们搞好学习的不竭动力。

81.保持微笑

很多教师一味地认为"严师出高徒",整天在学生面前板着脸,表情严肃,学生惧于这种威慑会老老实实地学习,老师让干什么学生就会去干什么,总以为这就是作为老师的成就感。但是学生们并不喜欢这种表情。曾经有一位学生对他的老师说:"老师,你笑起来是最漂亮的,你能一直这样吗?"听到这些发自学生内心深处的话语,教师应该思考思考,想想学生真正渴望的是什么。

人们常说:"微笑是教师永恒的主题,微笑是教师永恒的魅力!"其实微笑更是教师最美的语言。

微笑是大自然赐予人类化解烦恼的最佳良方,微笑的感染力是相互的。医生的微笑是一种坚定,患者的微笑是一种信心,军人的微笑是一种保证,教师的微笑是一种欣赏。

作为新世纪的教师,在礼仪推广和普及中,扮演着为人师表、率先垂范

的角色。"亲其师则信其道",教师的一举手一投足,一丝美丽的微笑,一个鼓励的眼神,一句关切的话语,就能无声地滋润学生的心田。

善意的微笑是开启学生心扉的钥匙,是沟通师生情感的桥梁。教育教学中运用微笑的艺术,能使你的教育管理犹如"春风化雨,点滴入土"。

教师的微笑是腼腆的学生的兴奋剂,使他们得到鼓励,敢于大胆地去表达自己的观点和意见;教师的微笑是外向好动学生的镇静剂,使他们得到及时的提醒,意识到自己的言行需要控制和自律。

教学工作中教师的微笑能够活跃课堂气氛,活跃学生思维;德育工作中教师的微笑是对不良行为的理解和宽容,引起学生的自我反思和觉醒,是对良好行为的鼓励和赞许,激励学生不断努力和进取。

教师的微笑和严厉同样重要,但二者相比,微笑更平和、温和,更可亲、可爱。严厉的教师令学生敬畏,微笑的教师令学生喜爱,善于在严厉中不时渗透会意微笑的教师,则令学生敬爱。

在如今的教育教学中,微笑成为了一种极易被忽略、甚至稀缺的教育资源。

有一首歌叫做"让世界充满爱",我们教师也应该为自己写一首歌,那就是:让学校充满微笑。老师们,当你面对学生的时候,请别忘了流露你真诚的微笑!

世上最美的微笑是蒙娜丽莎的微笑,因为她的亲切与神秘,让全世界的人为之倾倒,蒙娜丽莎也因此成为美的象征,我想这就是来自微笑的魅力!

虽然蒙娜丽莎的微笑是永恒的,是经典的,没有人能与之媲美,但是只要你露出真诚的笑容,你就是最美的!

教师是一种特殊的职业,更要发挥微笑的魅力。因为教师每天必须面对的是一个个向往未来的学生,其一言一行对学生都是潜移默化的教育。面对着学生,老师的一个微笑,能够使他们感受到老师的心与他们的心是相连的。老师带着微笑进课堂,能给学生一种强大的亲和力,而这种亲和力一定使老师的魅力倍增,也必将给学生带来巨大的学习兴趣和学习动力。

曾有这样一个真实的故事:一名学生因为学习成绩差又特别喜欢破坏纪律,被老师安排在特殊座位:一排一座。于是他破罐子破摔,更加调皮。后来来了一位教数学的新班主任,他对这个小"调皮大王"特别关爱,每次上课都喜欢对他笑一笑,摸一摸这个学生的头。老师这不经意的一笑一摸,却给学生带来了自豪感、荣誉感。从此,他就对这位老师颇有好感,并"爱屋及乌"地喜欢上了数学。这个学生就是后来成了大数学家的陈景润,功成名就的他总会记起那温柔的微笑、欣赏的目光和那份特殊的关爱。

许多优秀的教师,他们外表虽不同,但却都拥有那亲切而又令人难以忘怀的微笑。那微笑似春风,催开学生智慧的蓓蕾;那微笑如纽带,沟通师生之间的心灵;那微笑犹如军号,带给学生信心和力量;那微笑宛若阳光,照亮学生对理想的追求!

我曾经读过这样一段话:"教师灿烂的笑脸是学生心中永不凋谢的花朵。你笑脸面对学生,学生才会笑脸面对你;你给学生一缕阳光,学生会还给你一个太阳!"

教师的微笑会使课堂的气氛充满和谐,你的微笑是信任、是鼓励,会使疑惑中的学生茅塞顿开、豁然开朗;微笑也是调节师生关系的润滑剂,当学生与你发生冲突时,试着用微笑去面对,一定是春风细雨、云开日出;教师的微笑,对于后进生无疑更是一种极大的关爱,当你第一次对他们微笑,他们得到快乐与幸福的同时,内心也充满了自信,更会对老师怀有感恩之心。当学生们装满了一天的收获,走在回家的路上时,心中的那份感激仍会久久回荡。

教师的微笑,正是照耀幼苗的那一缕阳光,是滋润学生心田的那一泓甘泉,是教育学生最好的一种手段。教师的微笑,体现了他良好的心境,表达了他对学生的真诚、友好的思想感情。当你将真诚的微笑带给学生时,你便将你的爱悄悄地带给了学生,同时,你也将收获学生给你的真爱!

希望我们的老师露出更多的微笑,要知道,老师们脸上的微笑有多少,学生心中的阳光就有多少。

82.搭建成功的舞台

教育家陶行知先生说过:“解放学生的眼睛,让他们亲自看一看;解放学生的大脑,让他们亲自想一想;解放学生的嘴巴,让他们亲自说一说;解放学生的双手,让他们亲自做一做。”

在当今教育的实施过程中,新世纪的课程改革的核心理念归结到一点,就是“以学生发展为本”,把学生的发展作为构建新课程体系的出发点和归宿。“以学生发展为本”的基本指向是“发展”,它强调的是一切为了学生的发展,要提供适合每一个学生发展需要的教育。因此,学校教师要积极搭建学生成功的舞台。

愉快合作的课堂教学要体现"三乐",即师生关系的和谐之乐,教师的善教之乐,学生的学习之乐。

多彩自主的教育活动要凸显"三化",即教育活动的多样化,教育活动的儿童化,行为养成的自律化。

友爱融洽的人际关系要体现"三爱",即热爱、敬爱、友爱。当然学校的人际关系主要指师生关系、生生关系。首先是热爱,指的是教师热爱学生,教师对学生不仅要有爱的情感和行为,还要具有爱的能力,做到以情感人、以理服人,激励学生健康成长。具体要做到走进学生心灵,倾听学生的心声,充分了解学生;实施宽容政策,允许学生犯错、改错;使用不同尺度,对不同的学生提出不同的要求;坚持纵向比较,了解学生的基础,看到他们的发展;鼓励学生的点滴进步,让所有的学生充满自信;帮助学生成功,让所有的学生感受愉快的心理体验。其次是敬爱,指的是学生对教师的尊敬之爱,教师给予学生无限的师爱,换来了学生对教师们的敬爱。最后是友爱,指的是同学之间彼此尊重、相互理解、团结互助、取长补短。

教师在深化课堂教学的改革中,教学思想的更新是关键。今天,教学改革所改变的不只是传统的教学理论,还要改变教师传统的教学观念,改变我们每天都在进行着的习以为常的教学行为,只有更新教学思想才会指导更新教学行为。教学以"学"为本,引导学生把学习作为一种人生发展的需求,使学生在课堂上获得的不仅仅是知识,更是一种学习品质、能力,从而为他们的终身学习、长远发展打下扎实的基础。对学生来说,课堂教学不是筛选、淘汰学生的场所,更不是生产、加工统一的"标准型号"的车间。作为教师,一方面要根据学生的差异性,有针对性地组织教学;另一方面,学习目标上有分层教学要求,形成阶梯式、适合不同层次学生的学习的要求,使学生的愿望都能得到满足,潜能都能得到开发,学习个性都能得到展现,使他们的水平都有提高,从而都得到成功的体验,使课堂充满活力。

课堂教学蕴含着巨大的生命活力,课堂教学不只是教和学,还要感受课堂中生命的涌动和成长,学生才能真正成为学习的"主体"。教师要力求具备四种情绪和坚持使用"四个一",即以满意的情绪对待学生每一点儿微小的进步,以愉快的情绪激发学生学习的兴趣,以宽容的情绪对待学生的差错,以兴奋的情绪激励学生投入学习。坚持使用"四个一",即一句鼓励的话语、一个信任的眼神、一次理解的微笑、一回亲切的抚摸,我们努力让学生从教师的热情服务中、关心与尊重中体会到温暖与期望、激励与鼓舞,进而感到老师可亲可信,让师生的心在情感交流中相通。坚持三条原则,其一,能成功的要促学生成功;其二,难成功的要帮学生成功;其三,暂时成功不了的要盼学生成功。促其成功如"你想得真好,为大家开了一个好头!""你真聪明,想得又快又好!";帮其成功如"别紧张,你的想法挺好,能把想法说清楚吗?""你理解对了,要是声音再大一些就更好了。";盼其成功如"别着急、再想想、你会想起来的。""别灰心,下次还有机会,咱们再争取。"这些话语看上去普普通通、平平常常,但就在这些普通平常的语句中,却蕴蓄着教师对学生的欣赏、激励和尊重。学生的心灵是异常敏感的,学生的情感是非常丰富的,感受着老师言谈话语中的欣赏和激励,学生的信心之树必然蓬勃生长,学生的学习热情必然高涨激昂,这样的课堂教学必然生机勃勃、春意盎然,从而让"以学生发展为本"的理念在课堂教学中得以落实。

83.争取让学生热爱你的学科

哪个学校里有一位优秀的数学教师,数学就会成为学生最喜爱、最感兴趣的学科,就会在许多学生身上发现杰出的数学才能。如果学校里新来一位天才的生物教师,那么你等着瞧,两年之后就会出现很多禀赋高强的少年生物学家,他们爱上了植物,在学校园地里入迷地进行试验和研究。

哪个学校里的各科教师的教学,如果汇合成了一种各自都在争取学生的思想和心灵的善意的竞赛,那么这个学校的智力生活就会显得生机蓬勃。这种竞赛是全体教师进行创造性劳动的一整个领域。这种竞赛表现为:每一个教师都在唤起学生对自己所教学科的兴趣,使他们入迷地酷爱这门学科。可以设想,如果一个刚进入四年级的儿童,遇到这样一个教师集体,那里所有的教师都是很有才的,至少也是热爱自己学科的人,他们都善于点燃学生对自己的(各自都认为是最有趣的)学科的热爱的火花,那么在这样的环境中,一定会使每一个儿童的天赋素质得到发展,使他们的爱好、才能、志向、禀赋确立起来。

让学生们把你所教的学科看作是最感兴趣的学科,让尽量多的少年像向往幸福一样幻想着在你所教的这门学科领域里有所创造,做到这一点是你应当引以为荣的事。

如果能让每一个学生都深深喜爱上自己所教的学科,对于老师来说是一件多么幸福的事情。这也是教师们为之不断奋斗的目标。怎样才能让学生喜欢自己所教的学科呢？可以从以下几个方面加以努力：

首先,要建立师生情。如果学生喜欢某个学科的教师,与这个学科的任课教师建立了深厚的感情,一定会"爱屋及乌",增强学习此学科的兴趣。因此,教师首先要拥有高尚的师德,以人格魅力去感染学生。其次,教师要以一颗真诚的爱心对每一个学生负责,对学生的各方面负责,对学生的终身发展负责。当然,教师们不仅要教育他们上好自己所教学科的课,也要时时提醒并教育他们学好每门功课,培养良好的兴趣爱好。教师应当把学生当成孩子去交往,允许他们犯错误,宽容他们的错误,相信并帮助他们在不断地犯错误与纠正错误中逐渐成长,走向成熟。对孩子要求不要过高,遇到问题要多以孩子的角度考虑,多与他们讲道理,多鼓励,多表扬,及时发掘学生的闪光点,以优点去改缺点。教师更应把他们当成朋友去交往,放下"师道尊严"的架子,不拘时空、不拘形式地与学生打成一片,力求与他们成为无话不谈的知心朋友。你常常去关注学生,鼓励、帮助学生,学生一定会喜欢你这个教师,也会喜欢你所教的课。

其次,要让课堂有趣、有效。学生是否喜爱某学科,关键还在于课堂。如果每一堂课都是一个模式,学生都在不断地听老师反复讲解,都在不停地做题目,课堂气氛死气沉沉,学生怎会喜欢呢？因此,创建一个学生喜爱,而且有趣、有效的课堂十分必要。这就要求我们教师要不断学习,及时反思。在课堂上,应及时根据学生的需要,创设生动有趣的教学情境,运用多种教学手段,从具体到抽象,逐步深入;不断改变学生的学习方法,用主动探索替代机械接受。在追求有趣的同时,还应追求课堂的实效,特别是要关注后进生,多给予他们关心的眼神、鼓励的话语,力争让每一位学生都得到最大的发展。

再次,帮助学生体验成功和快乐。成功感是一个人保持对于某一活动的兴趣的原动力。作为教师,要因材施教,分类要求,区别对待,采用"登门槛效应",让学生在原有基础上每前进一步都感受到成功的快乐,使学生的兴趣在积累成功中得到强化。同时,教师在课堂中要当好组织者、引导者和合作者,给予学生恰当的帮助。当学生真正感到发现问题、提出问题、解决问题的主人就是我自己的时候,由此产生的成就感是不言而喻的。

最后,磨练意志、不断克服困难。"兴趣是最好的老师。"但是,学科知识绝不是"娱乐性"学科,单凭兴趣是学不好学科知识的。因此,教师还必须帮助学生树立远大的人生理想和奋斗目标,并让其充分认识到所教学科在这一目标中的重要作用,让他们明白,没有经年累月含辛茹苦的努力,是不可能学好的。同时,可以向学生推荐阅读名人童年故事等,帮助学生体验"不经历风雨,怎能见彩虹"的道理。

84.要尊重学生

人与人之间的尊重是相互的。尊重别人,才能得到别人的尊重。师生之间的关系也如此。只有尊重、理解学生,学生才能尊重、信任教师,才能对教师无话不说,甚至把埋藏在自己心底的秘密告诉教师,这样师生之间就架起了友谊的桥梁,教学工作也会得心应手。所以说,尊重、理解、信任是打开学生心灵的金钥匙。

的确,师道是需要尊严的,对学生是应该严格要求的,学生尊敬老师是天经地义的。然而,教师难道就不该尊重学生吗?

其实,尊重别人是做人的基本道德,尊重学生是教师的基本师德。我们知道,只有能尊重别人的人才会受到别人的尊重。因此,只有尊重学生的老师,学生才会从心里尊重你,接受你的教育,你的教育才会有成效。

教师能不能尊重学生,这是教育成功与否的关键。而我们有不少的教师恰恰是在这个关键问题上没有理解,没有学会尊重学生。这就是他们得不到学生的尊重、教育失败的原因。其实尊重学生就是尊重自己,在你尊重和理解学生的同时,也就使他们学会了怎样尊重和理解你,怎样尊重和理解他人。

在教学工作中,教师应该既是学生的师长,又是学生的朋友。要想做学生的朋友,首先应该了解学生。俗话说“知之深,爱之切”,只有真正地了解学生,才能更好地热爱学生;只有热爱学生,才能和学生们一起克服困难,一起享受欢乐。有时应该忘记自己是一名教师,这时,学生才会把一切都告诉你。当一个活生生的、完整的学生形象出现在教师面前时,教师才会表现出一种由衷的、真实的爱,因人而异地对学生进行有针对性的、具体的指导和帮助,从而收到很好的效果。教师尊重学生,让学生在宽松、和谐、融洽的环境中轻松自然地吸收知识的营养,健康快乐地成长,这对于学生具有十分重要的意义。尊重学生,教师必须要端正认识,从我做起,必须着手实践、立言立行,必须要更新观念、与时俱进,必须要着眼发展、面向未来。

85.善于观察学生

观察是教师搞好教育工作不可缺少的心理品质。社会物质生活、文化教育环境不同,学生所受的影响也不尽相同,因此形成了各自不同的兴趣、性格、能力等。在实施素质教育时,只有根据学生心理发展的情况和个性特点,采取与之相宜的教育措施,才能取得好的教育效果。

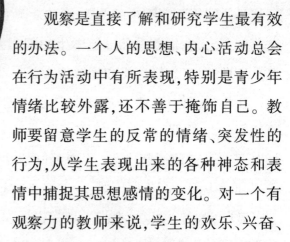

观察是直接了解和研究学生最有效的办法。一个人的思想、内心活动总会在行为活动中有所表现,特别是青少年情绪比较外露,还不善于掩饰自己。教师要留意学生的反常的情绪、突发性的行为,从学生表现出来的各种神态和表情中捕捉其思想感情的变化。对一个有观察力的教师来说,学生的欢乐、兴奋、惊奇、疑惑、恐惧、困窘和其他内心活动的最细微的表现,都逃不过他的眼睛,一句小声的嘀咕,也许是学生思想问题的流露,一个困惑的眼神,可能表明他们学习中的疑难,学生的举手投足,一笑一颦,无不反映出他们的内心世界。这些信号,教师要迅速地捕捉,并据此作出不同的判断,随时调整自己的教学方法、教学容量和教学步骤。正如孔子所言,教学生要"视其所以,观其所由,察其所安"(《论语》),这样才能"知其心,然后能救其失也。教也者,长善而救其失者也"(《学记》)。这就是说,教师在教学中只有善于观察学生的心理变化、情绪起伏、思维流向,才能及时掌握学情,获得教学信息反馈,进而采取相应的措施,解决教学中的问题。

因此,观察力对教师来说尤为重要,它可以使你见微知著,防患于未然。教师要传授知识、培养能力、提高觉悟,首先要了解学生。而了解学生不能事事靠别人的介绍,也不可能事事通过学生本人的回答解释,主要还是靠教师自己的观察。教师通过自己的细心观察,深入细致地了解每个学生在成长过程中出现的频繁复杂的情况,分析研究他们心理和个性特点形成的原因,才能逐渐掌握每个学生的特有兴趣、专长、性格与脾气,然后采取不同的指导方式,使学生从不同的起点上都得到发展,有所进步和提高。

能不能善于发现学生,特别是后进生身上的闪光点,激起他们的上进心和自尊心,在一定程度上可以说是对教师观察力最好的考验。"用其所长,克其所短",这是转化后进生的根本经验。每个学生身上都有长处和积极的因素,当然后进生也不例外,他们中间 不少人"有旺盛的精力和特殊的才干",如心灵手巧,有组织能力,身强力壮、眼明手快等都是他们身上的积极因素,是可以迁移到学习、劳动和各种正当有益的活动上来的。如果把一些优秀的心理品质发扬起来,不断巩固和扩大,就完全可以控制、克服和缩小各种消极因素,最后达到长善救失的目的。而一般来说,后进生的优点往往被缺点所掩盖,再加上人们对他们形成了习惯性的、固定的看法,他

— 167 —

们身上的优点往往被忽略。教师只有具备良好的观察力,才能善于发现他们的优点。

另外,教师要善于摸透班上学生私人之间的交往情况,掌握学生在集体活动中的现场表现。乍看起来,这好像和教学无直接关系。但只要稍做分析,就能看出这些活动中某些消极方面会对学习产生不良的影响,才能防患于未然。一个优秀教师,往往不是在事情发生后,才去处理问题、教育学生多,整天疲于应付,这样的教师工作虽然认真负责,然而只能算是"庸师"。一个真正的优秀教师,能及时发觉社会上各方面的思潮对学生的影响,及时发现和了解在某一时期、某一阶段预防何种隐患、如何防患,从而把握住教育学生的主动权。因此,具有敏锐观察力的老师,他的班级气氛是和谐的,他教育的学生是温和谦逊有礼貌的,绝不会像没有预见性的老师所带的班级充满暴力、学生情绪不稳定等不正常现象。

教师要想有敏锐的观察力,做到善于捕捉来自孩子的信息,就要和孩子一起真正投入到每一个活动中去,要善于倾听孩子、懂得包容孩子、学会支持孩子,才能和孩子们一起同生共长。我们老师只有真正走进了孩子的世界,才能了解他们的需求与困难,才能解读他们的一言一行,才能及时接住孩子抛过来的球,引领着我们的孩子去探索周围的生活。

86.让每个学生都成为你的"最爱"

亚伯拉罕·林肯说:"如果你想让一个人参与到你的事业中

来,首先说服他成为你的朋友。"

　　有人经常给老师这样讲,如果我走进你们的教室问学生谁是老师的最爱,所有的学生都应该举手,如果有几个没举手,我敢断定这几个学生一定是淘气包,没有感受到你的关爱的学生通常才会通过不恰当的方式引起你的注意。不过,可喜的是这件事的反面也是正确的。一旦学生相信你非常关心他,他就会尽可能地使你高兴:有礼貌,专心听讲,举止规范,而且每次都会按时交作业! 很简单——学生们希望体验成功的感觉,希望被欣赏、被尊重。虽然做起来很难,但你也应该把这件事放到首要位置——让每个学生都相信他是你"私下里最喜欢的一个"。要实现这个目标,需要对每个学生都有浓厚的兴趣,确保每个学生都有成功的体验,再通过一些细节让学生知道你关心他们。

　　一位把所有学生都当成"最爱"的老师,他的班级里的每个学生都是成功者。

87.给予学生积极的期望

　　心理学研究表明,老师或家长对学生的合理期望,会产生一种很有效的暗示作用,可以激发学生的学习动机。期望学生成功,不仅表明对学生的信任,同时也表明了对学生的关注。被信任和被关注是青少年学生在成长过程中十分需要的心理感受。给予学生积极的期望有两种方式,一是学校广泛开展的理想前途教育活动,这是一个集体(学校)对每个个体(学生)的期望。这种期望有一种很好的宏观导向作用,它有利于培养学生的人生观、世界观。除了这种活动以外,还有一种很好的方式,即教师特别是班主任老师、团队辅导员,经常性地与学生开展谈心活动,表达对学生成功的期望。实践证明,这些与学生的"谈心"所表达的期望常常被学生认为是最自然真切的关注,因此它也是对学生最好的心理暗示和心理期望。现在不少学校由于班级学生较多,许多学生特别是中等生很少获得与老师谈心的机会,所以,偶然的一次谈心,会让他们记住一辈子,感激一辈子,因为就在那一次谈话中,他们直接获得了来自老师的最真切的信任和期待。如果学生在受教育过程中,一直不能得到来自老师的期待,慢慢地他就会以为自己不具备获得成功的条件,干与不干一个样,学与不学没差别,就自动地降低了学习要求。一位少年犯在回答自己为什么一错再错时说,他也知道自己的犯罪行为迟早会暴露,但他没有明确的生活目标,不知道自己的优势在哪里,老师很少找他谈话,家长也经常说不指望他将来能做什么大事,他很失望,就破罐破摔了。如果这时有人不断给予他成功的期望,相信他也不至于走上犯罪道路。

心理学的实验证明:当教师的期望或明或暗地传递给学生时,学生会按照教师所期望的方向来塑造自己的行为,产生自我应验的预言效应。而在实际的教育情境里,教师对学生的期望却并不一定会发生自我应验的预言效应,原因在于教师不一定能准确地把握每位学生的认知特征和人格特征,给予恰如其分的期望。下面是某位优秀教师结合多年来的教育教学工作实践,对给予学生期望方面的认识。

☆ **以了解学生为期望的前提**

据对认知心理的研究表明,在有几种可能解答的问题情境中,有些学生倾向于深思熟虑且错误较少,属沉思型认知方式;另一些学生倾向于很快检验假设且常常出错,属冲动型认知方式。当然反应快的学生不一定就属于冲动型,因为既快又准确,这可能是他们对所学知识很熟悉,或者是思维敏捷的缘故。在性格心理方面:有的学生对外界事物表现出关心和感兴趣,性格开朗、活泼,善于交际,属外倾型;有的学生对外界事物很少关心和感兴趣,反应迟缓、沉静、孤僻,适应困难,属内倾型。因此深入地了解和研究学生,是确定期望的前提条件。教师可通过直接观察、家访、查阅档案材料和听取其他师生的反映等途径来获得有关学生的各方面信息,结合自己的过去经验对学生的未来发展作出预料或预想,才能形成一定的期望。

☆ **以尊重学生为期望的基点**

马卡连柯说:"教育成功的秘密在于尊重学生。"我班曾有一位品学兼优的学生,练得一手好字,是班里宣传委员。我和其他任课教师都期望她能参加对口单招升学考试,争取上大本,为学校、班级争光,而她是家里的独女,父母年龄大,只希望女儿毕业后找个工作,留在身边。这位学生为自己的前途伤心,为辜负老师的期望而沮丧。了解情况后,我不是逼她参加考试,而是开导她无论升学与否,社会都需要有知识、有能力的人才。只有不断学习,才能使自己在未来的社会中立足。由于家庭的原因,这位学生毕业后去了一家事业单位从事会计工作,但她没有放弃自己的追求,刻苦自学,取得大专文凭,现在已是该单位的主管会计。她回到母校看望时说:

"我没有辜负老师的期望。"

☆ 以合理的目标为期望的动力

教师对学生的期望要符合学生的实际,才能产生期望效应。为此,教师根据学生认知和人格特征确定期望时必须注意两点:一是期望的确定要有一定的弹性。过高的期望会使学生因欲速不达而缺乏自信心,甚至走向极端。在日常的教育、教学活动中,由于师生间的高期望得不到有效的协调导致教育无效、师生对立的事件屡见不鲜。过低的期望又会使学生失去前进的原动力。目前职中的学生大多是中考的落榜者,有些家长在送孩子上职中时明确地表示,不希望子女成龙成凤,只希望他们学一门手艺,有一个谋生手段。在家长此种期望下的学生则表现出对前途悲观、思想空虚、混世度日……因此,一是教师应针对学生特点确定学生通过一定努力可以实现的期望,二是期望的预设要因人而异。教师要对每个学生的学习状况、个性特长进行分析,设定恰如其分的期望。如前所述,期望是教育者对被教育者未来发展的规划。不想成功的教育者不是合格的教育者。每一个敬业的教育工作者都希望将自己的教育对象培养成有创造性思维能力的高素质人才,因此,期望实质上体现、贯穿于整个教育教学活动中。这是个纷繁复杂的过程,对每位学生的期望必须因人而异,分步骤、分层次推进。

由于学生的人格特征、原有认知水平、自我意识及所处的家庭、社会环境等教育资源的差异性,有的学生朝着教师所期望的方向发展,有的则步履蹒跚,甚至反向而行。苏霍姆林斯基说过:"这些孩子不是畸形儿,他们是人类的无限多样化的花园里最脆弱、最娇嫩的花朵。"因此教师对这部分学生表达期望时,首先要对其制造亲切的心理气氛。其次要善于表扬与鼓励。尺有所短,寸有所长,注意把握他们身上的闪光点,观察他们细微的进步,及时进行表扬与鼓励。实践证明,教师对学生报以期望的态度,会明显提高他们的学习兴趣,教师的爱会促使学生积极的情绪体验,并能激发学生潜藏着的力量,让学生从内心体会到成功的愉悦,从而使他们乐于质疑、求异、创新,不断提升期望效应的效果。

88.要了解每一个学生

美国心理学家罗杰斯说,教学的成功不是决定于教学技巧,不是建立在科学内容、课程计划上的,也不在于视听教具生动的表述或生动有趣的读物,真正有意义的学习是建立在正确的人际关系、态度和素养上的。严厉而冷漠的教师,虽然也可以保证课程讲授得正确无误,但是他可能使学生陷于无动于衷或反感的情绪中而一无所得,因为教师缺乏热情,就无法引起学生的积极反应。

学生个体的特点是丰富多彩的,了解学生才是教育教学的前提,教师不仅要了解学生个体的学习动机,还要了解学生的学习能力、思想表现、品行修养等方面以利于对学生因材施教,这也将促使教师不断改变教学方式,通过精心设计各项教学活动,以教师有效的价值引导以及适宜地运用各种教学评价方式等,创造平等、民主的课堂教学氛围,帮助学生学习与成长。了解和理解学生的真实情况是教学的前提,能否真正地理解学生,这在很大程度上左右着教学活动的进程与速度。教师需要了解学生已经知道了什么、学生想了解什么、学生对什么感兴趣、学生对什么感到困难，只有这样，教师才能准确地指导学生的学习。

对待后进生教师应换一种思维方式，尽量从积极的方面去看待学生的特点。

比如，有的学生上课注意力分散，那么就把他看作是一个发散性思维比较好的学生；有的学生写作业很拖沓，那么他可能是一个仔细周全的人；有的学生学习成绩不好，那么他可能是一个大器晚成的人，或者有另外的特殊才能；有的学生非常懒惰，那么他可能是个非常放松的学生；等等。

阿姆斯特朗博士列举了很多诸如此类的现象，他把许多学生不可忍受的缺点换了一种角度去看，则都变成了一种积极的品质，这样，学生身上的缺点都变成了优点或者自己的特点，不再是一种消极的品质。如果在教师的眼里，学生没有了缺点，那么教师就会对学生产生很多好的期望，根据皮格马利翁效应，学生就真的没有了缺点，并且一点儿一点儿地实现教师的期望，这是我们教师都希望看到的结果。作为教师，你不妨把以前你认为的学生身上的缺点一一列举出来，然后试着用另外一些更积极的词语来描述它们、解释它们，相信你会有意想不到的收获。

☆ **教师要成为学生强项的发现者**

在国外，如果你问老师们："你们班里谁是最好的学生？"他们都没办法回答，因为在他们眼里，所有的学生都一样可爱，所有的学生都一样优秀，只不过他们表现在不同的方面而已。如有的是语言高手，有的是写作高手，有的是画画天才，也有的是运动健将，等等。他们把学生的特点分得很细，每一方面都有不同的学生擅长。如果教师能够把自己班学生的特点分得很细，他就会发现任何一个学生都有自己的强项，因此，教师就能成为学生强项的发现者。而现实中有许多教师却更多地注意学生的缺点，看不到他们身上的优点。

☆ 建议教师为学生建立档案袋

如何发现学生的强项呢？一个主要的措施是建立档案袋。虽然学校为每一个学生建立了档案，但传统的档案袋里面只有薄薄的几张纸，记录着学生的成绩。但是在国外的一些学校，档案袋里面的内容却丰富多彩，例如学生写的作业，画的画，制作的小手工，还有学生得到的奖励，等等。这些内容详细地记录着学生成长的轨迹。在国外，档案袋甚至发展成为一种评价的方式，以档案袋作为评价学生发展的依据。我们认为，档案袋对于学习有困难的学生来讲，是成长变化的记录表，是学生建立自信的一种有效工具，它是教师发现学生优点和长处的重要资料。档案袋还能够帮助教师发现学生不同的学习风格，为教师创设不同的教学方式奠定基础。或许有的教师认为建立档案袋是一项复杂的劳动，给老师带来负担，但这是一种比较科学有效的教育措施。面对学习有困难的学生，我们的教师主要采取补课的方法，但这似乎并不太起作用，如果通过建立档案袋来了解学生的长处和学习风格，教师有针对性地采取教育措施，帮助学生树立自信，这与埋头为他们补课相比，可能会收到事半功倍的效果。

☆ 教师要多反思自己的问题

我们曾对 200 名中小学教师做过问卷调查，发现对于学习有困难的学生形成的原因，只有 2.7% 的教师认为是因为自己教得不好，大多数教师都归因于学科内容难、学生素质差、家庭教育环境不良等教师以外的因素。这表明，教师对自己在学生形成学习困难状况的过程中的一些不良影响并没有足够的重视。而学生却认为，学习有困难，有 35% 的原因在于教师的教学和管理。有的专家更是认为没有教不会的学生，只有不会教的老师。这些现象表明，教师在学生形成学习困难状况的过程中是有一定的影响的。教师一些不良的教育教学行为不仅影响学生认知因素的发展，而且影响学生情感、动机、学习兴趣等非认知因素的发展。

在教育学生的过程中，老师会遇到很多的新问题，尤其是在实施课改的形势下，学生会犯许多的错误，也会出现屡教屡犯的情况。作为教师，必须了解学生的心理，了解学生的过去和现在，用自己的耐心去教育学生，去唤起学生内心深处的良知，不要放弃对学生的教育。这样才能一步一步做好学生的教育培养工作。

孩子是独立的个体，他们迟早要独立生活，父母不可能包揽一辈子。现在的孩子，他们将来要生活在比现在更复杂、节奏更快的社会中，他们需要的是适应生活、掌握处理问题的能力。只有让他们从小在生活中尝到成功与失败、痛苦与喜悦的种种滋味，他们才能逐渐养成应付复杂社会环境的能力。而过分的爱护或过度的干涉，都将意味着夺去孩子这的种能力。

一位教育家曾经讲过这样一个故事：有一个小女孩想买一朵鲜花送给病重的外婆，让外婆开心一下，希望外婆早日恢复健康。可是正值严寒季节，无法买到鲜花，一个偶然的机会，她看到学校暖房里的菊花开着，就小心地折了一枝。刚巧被老师看到了，老师好奇地问明情况，大为感动，她对小女孩说："孩子，你再折三枝，一枝给你,因为你有一颗善良的心;两枝给你父母,因为他们为祖国培养了一个好孩子。"

事后当别人问起老师这么做的缘由时,老师解释道,要想教育学生,就得全面了解学生。教师不仅要尽可能多地了解学生,而且要对所了解的情况分析研究,切忌主观、武断。有时学生身上的一些所谓的缺点,往往是表面现象,在它后面隐藏着好的品质,甚至是极为可贵的品质。

心理学家的研究表明:孩子的心理发展受到遗传和环境两方面的影响,过度的被爱护或过度的被干涉,会使原来性格脆弱的孩子变得更脆弱,而那些原来性格倔强的孩子则会激发他更强烈的反抗。所以,爱的教育看起来似乎并不难,其实里面也有许多学问呢!

89.不求完美,只求进步

我们经常会觉得教学中、生活中有很多的不如意。

比如,上完一节课经常会对自己的处理方式不够满意,常会后悔:"我要是这样处理这个地方就好了,我当时怎么没想到呢?"实际上教学不可能达到真正意义上的完美。即使你拿出全部精力来准备,不断地改进教学设计,可以使一堂课很成功,但仍然无法做到十全十美。我们所能做的只能是追求完美。就像一句广告词说的那样:"没有最好,只有更好。"实际上,我们付出努力,不断取得进步就已经足够了。学无止境,我们的努力永远没有终点。

对学生来讲也是一样。可能他学习已经很努力了,可还是没有达到目标。那我们要教给学生真正重要的东西就是要不断进步。过于高远的目标只会让人压力过度，产生挫败感。所以，告诉他，只要每天比前一天有新的收获就是成功，要踏踏实实、一步一步地往前走。

相信这种心态能够帮助我们的学生更好地学习和生活。

90.小事不小

每个人所做的工作，都是由一件一件的小事构成的。所有的成功者，他们与我们都做着同样简单的小事，唯一的区别就是，他们从不认为他们所做的事是简单的事。

要想比别人更优秀，只有在每一件小事上下功夫。小事成就大事，细节成就完美。其实，人生就是由许许多多微不足道的小事构成的。只有日积月累地捡拾细碎的石块，才能构筑起高耸雄伟的城堡。生活中，将你击垮的有时并不是那些巨大的挑战，而是一些非常琐碎的小事。不少人都有过这样的体验，当灾难突然降临时，人们常会因恐惧、紧张，本能地产生出一种巨大的抗争力量。然而，当困扰你的是一些鸡毛蒜皮的小事时，你可能就会束手无策，因为它们是生活的细枝末节，很微不足道。然而正是这些看似微不足道的小事，却能无休止地消耗人的精力。

教师的职业性质决定了他们必须从一件件平平常常、实实在在的小事做起，正所谓"千里之行，始于足下"。那种视善小而不为，认为做小善之事属于"表面化"与"低层次"的眼高手低的人，是不可能成为优秀教师的。"天下难事必作于易,天下大事必作于细。"任何事物都有一个由量变到质变的过程。要善于从小事做起,努力把每一件小事做好,将来才能做成大事。

古人云:勿以善小而不为,勿以恶小而为之。小事正可于细微处见精神。有做小事的精神,就能产生做大事的气魄。不要小看做小事,不要讨厌做小事。无论工作还是事业,都得从小事做起。用小事堆砌起来的事业大厦才牢固,用小事堆砌的工作长城才壮观。其实,人生价值的伟大在于平凡,崇高在于普通。

我们教师的工作就是在平凡中显示伟大,在普通中展示特殊。教学中的许多常规工作普通得使人不屑于做,一名优秀教师和普通教师的不同,就是优秀教师愿意去做别人不愿意做的小事:作业本上多留一条鼓舞人心的评语;备课时精心准备一两个趣味游戏或笑话,安排在紧凑的教学环节当中;多留心学生的表情并及时地了解原委;每天挤出一点儿时间找一两名学生谈心或给家长打一两个电话;别忘了每天要挤出点儿时间给自己充电……别人不愿意做,你就多做,别人不愿意付出,你就多付出,那么你成功的机会肯定会比别人多些。

的确,我们都是平凡的人,都在从事简单而平凡的工作,只有把小事、简单的事、平凡的事做细做好了,才能做成大事,才能创造自己人生不平凡的业绩。总之,不要小看工作中的任何环节、任何一件小事,工作中无小事,任何类型的大事,都是由一个又一个小事构成的。

任何事物都有一个由量变到质变的过程。这句话让我们明白了再高的山都是由细土堆积而成,再大的河海也是由细流汇聚而成,再大的事都必须从小事做起。先做好每一件小事,大事才能顺利完成。

一个有奋斗感的老师,一定是个踏地而行的老师;而踏地而行的老师,一定是个愿意把教育中的小事做好的老师。教育本不是什么惊天动地的伟业,作为一名老师每天做的也只不过是这样一些小事:

● 遵守学校规定的作息时间,早上到学校,进班级,看看学生是否到齐,谁没来,并了解原因。

● 收收家庭作业,看看谁没及时交,并了解原因。

● 批改作业,看看谁错了,为什么错了。

● 晨读开始,尽管有学生组织,但还是要去看一下,如果学生很认真,就笑着表扬一下。

● 和学生们一起升旗、出操。

● 要上课了,准备一些教学用具。

● 下课了,利用课间和学生交谈一下,给课堂作业有问题的学生点拨一下。

● 如果时间宽裕,就想想明天的课怎么上,和同事扯一下教育趣事、教育新闻等。

● 午休时间勤到教室看看,看看谁没有到,并了解原因。

● 批改课堂作业,一边批改一边记录错误的和优秀的案例。

● 想上网就写写博客,给同行留留言,看看教育在线、教育新闻等。

● 有时间就收集点试题、课件、论文,以备自己写教育随笔、备课和布置家庭作业时用。

● 勤叮嘱学生注意安全,如果天气不好,就嘱咐嘱咐学生带雨具、添件衣服。

……

教育无非就是做这样的小事。也正因如此,每一个老师只要投入工作,都能把这样的小事做好、做到位。每一个把这样的小事做好的老师,可以说他们就是教育界的脊梁。能影响人的教育,往往就蕴藏于小事之中。其实我们回忆一下,印象中老师给你留下的永不磨灭的东西,就是那些不经意间的小事:一次谈话、一个举动、一个眼神、一个期望、一个微笑,其间饱含着老师浓浓的真情,传递出师生间心灵交流的火花。经由这些小事,教育进入人的心灵,持续影响人的一生。

能把教育中的小事做好的老师,才是在做真正的教育,是在进行真正的教育研究。是的,世上原本就没有什么惊天动地的伟业等着我们去做,世上等我们去做的都是些小事。一个真正做大事的人,当他做大事的时候,一定会觉得像是在做一件小事,举重若轻,这才是真正做大事的人应有的风范。而这样一种意志和能力,正是集腋成裘、聚沙成塔般积累而成的。教育原本就是一些微不足道、平平淡淡、不成体系的片段或细节。每天你微笑着对待孩子,每天都摸一摸孩子的脑袋,每天你都和孩子亲密地接触一下,每天你都准备好了再去上课,每天你都想一想自己教得怎样,每天你都记下教育的轨迹。每天你都做着这些小事,几年后,你才能将肩负起学校的一些管理与改革上的重任,你才能成就教育的大业。

第七章　建立积极和谐的师生关系

91.做一个快乐的人

快乐是一种健康的人格,也是一种觉悟。教师快乐,学生也就会因教师的快乐而快乐,就会在课堂上拥有学习的热情,否则学生会生活在一个恐怖的环境中,学习的效果自然就不会好。

由于教师职业的特殊性,社会及家庭对教育的关注不断提升,教师所承受的各方面压力也越来越大,很多教师经常是面容憔悴、心事重重,生活过得很沉重。

有人说,教育是很快乐的工作。可这样的现状,如何能让教师们体会到快乐呢?

辩证地看,任何工作都需要人们付出劳动、付出时间,工作本身无所谓快乐,快乐是人们的一种感受、一种体验。教育工作不仅"劳力",而且"劳心",从事教育工作,就意味着教师必须要面对来自社会、家庭、学校等各方面的评价和压力。在这种情况下,教师如果不能正确对待自己的教育生活,不能从深层次上感受教育工作所独有的特点和魅力,在工作过程中就很难真正快乐起来,当然也就难以体会到职业的幸福。

教师每天都应该是快乐的。这不仅是善待自己,更是影响学生一生的优秀品质,教师应该具备这种品质,因为一个教师的品质可能会影响学生的品质。一个教师对事业、对生活总是持有乐观向上的态度,那么他的学生也会乐观向上;一个教师整天愁眉苦脸,学生就会在压抑中度过自己漫长的学习生涯,久而久之也会对生活失去信心。让生活每天都充满阳光,让每天经历的事都变得快乐,是教师职业的最高境界。取得成绩时应该快乐,因为看到了自己的进步,看到了希望;遇到挫折时也应该快乐,因为挫折可能表示距成功只有一步之遥,剩下的就是再坚持一下。拥有快乐的心情,才能拥有工作的激情;有了工作的激情,才能在事业上不断地进步。

美国西雅图有一个著名的鱼市,这里每天笑声不断,每一个工作人员都非常快乐地从事各自的本职工作,因而到那里去买鱼的人也感觉是一种享受。

其实,教育工作本身就要求我们是快乐的,要求我们以幸福的眼光去认识教育。因为,教育究其本质而言是为一代新人愉快地踏上人生征程而作准备,是为他们今后的幸福生活奠定基础。如果因我们教师的不快乐而使学生带着苦闷、悲观走上社会,那无论从何种意义上说,我们都是失职的,我们的教育也就走上了自身的反面。

快乐是无处不在的,作为教师,生活与教学中的快乐有待我们去寻找与发现。我们可以用许多方法让自己快乐起来,找到生命中最美丽的花朵。

☆ 勇于表达自己的感受

心理学研究方法中有一种"内省法",就是让你冷静地观察自己的内心深处,然后将观察的结果如实讲出来。当老师的往往为了维护自己的尊严,总想掩饰自己的喜怒。其实当你与学生有了冲突时,你真诚地告诉学生:"老师心里很难受。"放弃神化的权威身份,平等地对待学生,心情反而得到了释放,同时也更能获得学生的认同,师生沟通才会顺畅。

☆ **多用几把尺子衡量学生**

老师常常仅用成绩的好坏来衡量学生,如果所教学生的成绩不合自己的期待,就会失望、怨恨。其实,教师应完全接纳学生,包括他们的长处和短处,在取长补短的同时,要更善于"扬长避短"。多用几把尺子来衡量不同的学生,充分尊重学生的个性,你会发现不同的学生就像不同内容的书一样,会给你带来不同的感受,不同的快乐。

☆ **负面结果可轻描淡写**

有的老师在公开课上讲错了一道题或漏讲了一个问题时,会反反复复地强调、懊恼:"这下完了,别的老师会怎么说我?"情绪低落,惶惶不安。其实往往结果并没有他想像的那么糟,所以,提醒自己不要过分强调负面结果,增加自己的烦恼,而要把不好的事情轻描淡写地带过,多用一些鼓励提醒的话,比如"下次我一定会讲得更好"等,给自己一些积极的引导。

☆ **让快乐情绪感染自己**

在学校运动会上,当班级学生取得名次时,同学生一起欢呼雀跃,让快乐的情绪感染自己。平时工作疲惫时听些轻松欢快的音乐、和开朗热情的同事共进午餐等,给自己制造一个欢乐的氛围,才能让心灵时刻感受到快乐。

☆ **给自己留出一定时间**

某教师罗列了自己每天的时间表:早上 7 点钟赶到学校辅导早自习,晚上 8 点晚自习下课才能离开,备课、改作业、出考题、参加教研活动,时间安排得满满的,每天睡眠不足 6 小时。即使回到了家里,还要担心班上学生打架了、上网不回家了……其实如果教师对作息时间做弹性安排,留给自己短暂的空白,可调整纷乱的生活节奏,重新界定可行的途径。这样才能保持身体的健康,充分激发生理的能量,才有充沛的体力来应付日益繁重的工作。

☆ 别给自己乱贴"标签"

有的老师要求自己过于完美,害怕任何错误和缺点,一旦达不到标准,就对自己说"我真的不行""我是一个天生的失败者"。其实,这是将对整个人的评价和人的某些行为失误混同起来了。人总难免会犯错误,不要以偏概全,要懂得"人不等于人的错误"。多给自己一点时间和信心,多看到自己的长处,多鼓励自己。

☆ 塑造充实的家庭生活

有的"先进教师"在介绍事迹时,往往强调她为了工作如何顾不上家庭生活,有的甚至顾不上生病的孩子。其实家庭生活的和谐幸福是老师做好工作的坚实支柱,家庭成员亲密的人际互助,可使老师无后顾之忧,更愉快地投入到工作中。

☆ 结交朋友培养兴趣

结交工作与休闲伙伴,一起分享成就、分担忧虑、集思广益,能够携手克服人生的许多困顿。同时培养正确的兴趣与爱好,游戏于动静之间,既可增进教学水平技能,又可训练体能、滋润心灵。

92.用爱架起心灵的桥梁

要想成为一名出色、成功的教育工作者,必须要理解、尊重学生,关爱学生,还要善于包容、赏识学生,赢得学生的信任,成为学生的朋友,架起一道心灵的桥梁,走进他们的心灵,走进他们的精神世界,用真诚的信任引领学生。

人与人之间的相互理解,往往是形成共识的前提。作为教师要理解学生的思想、心理和生活实际。班级德育工作的开展,学生德育素质的提高,必须是在理解、尊重学生的前提下进行的。尊重学生,就是充分尊重学生的意见和要求,尊重学生的人格,平等对待每一位学生。现在的学生大多是独生子女,所以把人格看得尤为重要,而事实上尊重学生的人格确实是任何一位教师开展德育工作的前提。作为教师,即使学生犯了错误,对学生进行批评教育时,也应尊重学生的人格,谆谆教导,才能取得教育的效果。一味地训斥,只能使学生产生逆反心理,更不能用挖苦、讽刺的话语伤学生的心。教师对学生尊重,会使师生关系更为融洽。现代学生的生活已经不仅仅局限于学校,在信息化社会的今天,他们的生活也不仅仅局限于学习,而是已经变得更加的丰富多彩,同时也碰到了很多成长中的困惑。作为教师,我们必须从各个方面去关心他们,理解、尊重他们,帮助他们解决成长过程中碰到的各种困难,使他们健康快乐地成长。

● 用爱心去呵护、关怀学生,用真心赢得真爱;

● 用宽容之心,唤起学生的自尊、自信;

● 要善于赏识学生,发掘学生内在潜力;

● 用真情打开学生心灵的窗户。

教育家欧文认为,教师对学生的爱护,以及对学生的温和态度,甚至比他们的学问和修养更为重要。心理学研究发现,教师对学生抱有积极态度和适度期望,相处时的心理气氛就比较和谐融洽,同时教师会给学生带来更多的信任和鼓励。这种积极的学校生活历程,恰是儿童情感智慧发展所必需的。教师的情感态度不只对学生的学习与智力发展有着重要影响,而且对学生个性发展具有潜在、长远和深刻的作用。所以,我们有理由相信,用我们的爱与真情能够打开通往学生心灵深处的窗户。我们必须用真诚的心关注每一个学生生命的进程,关注他们进步的点点滴滴。

93.每个学生都是一个独特的个体

苏霍姆林斯基说:"每一个孩子都是独一无二的。"每个学生都是一个独立的个体,拥有独特的天赋、技巧、优点和梦想。但是我们却常常让他们变成别人,拿他和他的兄弟姐妹或者同学作比较。问问任何一个有两个或者更多孩子的家长,有没有两个孩子彼此完全相像?答案很响亮:没有。老师的工作就是找出并赞美学生身上的与众不同之处。当然,这里所说的与众不同并不是指经常在课堂上捣乱、不安分的表现。教师要发现每一个学生的天赋和优点,并精心栽培它们。

记住:每个学生都是一个独特的个体,是他自己。就这样来对待他们,赞美他本人,而不是强迫他成为别的什么人。

简言之:我就是我,我不是你。如果你觉得我是你,那么请你再看看我。

第七章 建立积极和谐的师生关系

94.给学生比实际情况稍高的评价

有一位教师总喜欢在讲桌上粘一个小便条,上面写着:"引导学生对他们的未来充满自信,虽然最终未必人人都能实现既定的目标,但他们一定会因此而格外努力。"并且这位老师说道:"这是我的教学理念。我相信,如果给学生比实际情况稍高一点儿的评价,他们就会努力地去达到那个目标。在对自己做不到的事情毫不知情的情况下,人们才会勇于尝试。我一直都在引导学生对自己充满信心,一旦他们有了自信,就可以一往无前。"

这位老师的话相当精辟。告诉学生他们比实际上更好一点儿,他们就会做得比实际上更好一点儿,关键之处在于"一点儿"。如果一个学生造个句子都很难,就不要说他将来能成为一位优秀的作家,要审时度势,合乎常理。

一大群年幼的鸟儿正在你的课堂上学习飞翔,不要说他们做不到,让他们飞吧!

95.切忌冷嘲热讽

在某位老师的课堂上有个学生问道:"现在什么时间了?""告诉你,现在是你该闭嘴的时间。"老师答道,语气刻薄。原来这个学生已经埋头学习了好一会儿,一定是累了。但作为老师,不管怎样,怎么能这么挖苦学生呢？没过几分钟，大部分学生都已经写完了作业。很自然地，一些孩子开始交头接耳。"拜托！"老师大声叫道，"你们要做的是学习，而不是说话！""可是我们写完了呀！"有几个孩子回答。"好吧，千万别让我找出什么错误来！"老师说。"我不会做第四题。"又有一个学生说道。"看吧，如果你忙着用脑，而不是用嘴，你的思维就能更集中一些，不是吗？"老师已经有一些怒气。此时，几乎全班学生都开始叽叽喳喳了，而这位老师越来越生气，终于和一个学生"短兵相接"了："再说一个字，就给我到办公室去！"老师大喊着。"大家都说话，凭什么就让我自己去？"学生毫不客气地回敬，"要去都去！"

情况越来越糟，这位老师感受到了不应有的对待，委屈得很。但是，她不知道，恰恰是自己那种消极讽刺的口吻激起了学生的反唇相讥——更别提课堂上那么多的"空白"时间了。先是孩子们有富余的时间讲话，她开始生气，接着连挖苦带讽刺地斥责学生，最后就是以上的场面了。根源问题还是课堂管理方式欠妥。不过，不管到底是谁先挑起了事端，老师都不应该在课堂上使用讽刺性的言辞。冷嘲热讽毫无益处，只能说明老师无法有效地控制局面，缺乏职业能力。对大多数学生而言，生活里的讥讽已经够多了。作为老师，我们的责任就是帮助他们消除这些话语带来的不健康影响，让他们建立自信和勇气，并且给他们起一个良好的示范和表率作用。

现在是什么时间了？是我们该好好地自我反省，检查一下自己对学生的态度，从此不再使用讽刺性言辞（哪怕是一点点）的时间了。

96.宽容是一种美

傅勒说:"一个人不肯原谅别人就是不肯给自己留有余地,要知道每个人都有犯过错的时候。"

马克·吐温说过:"一只脚踩扁了紫罗兰,它却把香味留在了你的脚上。这就是宽容。"

宽容是一种资源。我们在宽容别人的同时,也在为自己营造着良好的生存和发展的氛围。宽容能使敌对的、消极的、紧张的、不利的因素转化为友善的、积极的、和谐的、有利的因素,让我们的天地更加广阔,道路更加平坦,前景更加美好。

宽容是一种思想的修养,是一种境界,是一种美德。宽容是原谅可容之言,饶恕可容之事,包涵可容之人,时时宽容,常常忍让,才会达到精神上的至高点,"一览众山小"才会宠辱不惊、心境安宁。

土地宽容了种子,于是拥有了收获;大海宽容了江河,于是拥有了浩瀚;天空宽容了云雾,于是拥有了神采;人生宽容了遗憾,我们便拥有了未来。

宽容就是以常人的心态去面对周围发生的不合理的事,这些事可能是别人的错误、失误,甚至是有意的伤害。如果采取不宽容的方式,其结果可能就是争端。

宽容就是要有宽阔的胸怀。"金无足赤,人无完人""退一步海阔天空,忍一时风平浪静"宽容有错误的人、有缺点的人、曾冒犯过我们的人,多一份理解,换位思考,主动沟通。

宽容可使你表现出良好的素养,同时也能引发别人的响应。生活中肚量最为重要,宽容乃是人类性格的空间。懂得宽容别人,自己的性格就有了回旋的余地,不要发脾气,不要与别人发生正面冲突。人有七情六欲,喜怒哀乐是人与生俱来表达情感的方式。一个人在世上难免会遇到令人高兴或气愤的事。令人高兴的事可以使人心情愉快,精神焕发,并使生活充满希望;而令人气愤的事往往就会使人怒火中烧,可能使人丧失理智,产生令人遗憾的后果。所以,在生活中有些东西需要我们用宽容的态度来对待才会有更多的快乐等着你。

宽容,最重要的因素便是爱心。原谅那些曾伤害过我们的人,这不是一件容易的事,但是,如果我们这样做了,就会从中体验到宽容的快乐。尽管不顺心的事随时会产生,若能宽容待人、对事,那便拥有了快乐的一生,这难道不是人生的幸事么?

宽容,是一种心态,是一种不苛求、不极端、不任性的健康心理,它需要我们去学习、去体会、去感悟,需要拿出一点儿勇气和智慧去想、去做、去生活……

古人云:严是爱,松是害。这是无可非议的。但教师对学生的适当宽容是十分必要的。学生之所以为学生,就是因为他们需要学习,有缺点,不懂事,甚至会犯错误。做老师的,年岁长于学生,知识多于学生,涵养胜于学生,对学生的缺点为什么不刻意宽容一些呢?更没有必要死抓住学生的某些过错不放。

当然,教师对学生的宽容,绝不是对学生所犯的错误进行祖护与放纵,而是把尊重、信任、理解留给学生,让学生的自尊心从自卑、恐惧中解脱出来,消除顾虑,解除学生因犯错误、挨批评而形成的心

第七章 建立积极和谐的师生关系

理压力,恢复师生间的正常交流,给学生以尊重、信任和理解,唤起学生对老师的尊重、信任和理解。当学生体会到"老师原谅我了"后,就会释放心中的压力,转化为动力,由消极被动地学习转为积极主动地学习,成为学习的主人。教师对学生的宽容还可以迸发出一股无形的力量,激励学生积极进取,有时还可以调节气氛,形成和谐的局面。师生间和谐统一的气氛冲淡了学生心中不愉快的阴影,达到了"此时无声胜有声"的效果。

宽容是建立和谐师生关系的良方,学生需要宽容,教育需要宽容。尽管宽容的途径是不尽相同的,但我们的目的是一致的,都在努力寻找一条走进学生心灵的德育之路。

宽容是一种美德,作为教师,对学生们的宽容还是一种教育艺术。一名成功的教师应该热爱学生,尊重学生的个性差异,应该宽容学生的错误,带着欣赏的眼光和积极的心态投身于教学活动。教师的真诚期待不仅能诱发学生积极向上的激情,而且深刻地影响着学生智力与个性的发展。唯其如此,才能让学生品尝到成功的喜悦,与此同时,教师也将在学生的成功和愉快中体验到满足和幸福。一名有品位的教师应该是心存善良和宽容的,这样的教师好似一片海,有恢宏的气度与宽阔的胸襟,有学生们深爱的碧蓝,他会让学生的心灵荡漾在博大与温暖之中。

由此可见,宽容是每位教师的责任。能宽容学生时尽量地宽容学生,因为宽容是一缕阳光,它照亮了一片童心;宽容是一丝春雨,它滋润了一块心田;宽容是一粒爱的种子,它会在学生的心中萌发;宽容是一根接力棒,它传递人性,传递力量。当我们试着去宽容学生时,也许,心灵之桥便从此飞架两岸!

97.与学生一起欢笑

人们已经对笑的作用展开了很多研究,也写了很多关于笑的书籍,主题基本上都是一样的:笑声是最有效的药物! 人们在开怀大笑的时候,大脑里就会释放更多的内啡肽,提高人的免疫功能,同时也可以让人的心情更加愉快。充满笑声的环境,让人感到放松和快乐。曾经有这样一篇文章,里面讲到,孩子平均一天要笑几百次,而

大人还不到二十次! 也许这就是为什么孩子比大人更快乐健康的原因。孩子们喜欢能和他们一起欢笑的老师,当然,发笑也应该分时间、分场合,这是常识。但是当合适的机会来临时——课堂上经常有这样的机会——请和学生们一起开怀大笑吧。

遗憾的是,很多老师都承认他们很少和学生一起笑,总是说因为上课是一件很严肃的事情。不难看出,管理学生的课堂行为对教师来说不是件容易的事。学生们不能和老师一起开心,这很好笑

吧,你觉得呢?

98.学会心理"战术"

通常,老师留作业,学生一字不写,然后就是不及格。可是,这对学生的提高一点儿好处都没有。只要你学会使用心理"战术",一定能让孩子们听话地完成任何作业。

有这样一个例子:某校长去听一位老师的课,在这之前,这个班上一直有个学生让老师很头疼。一上课,这位校长马上就找出了这位学生,他个子很高,年龄偏大一些,总是能用一些"很特别"的方法引起别人的注意:站起来到处走动,信口回答老师的问题,作弄别的同学,等等。下课之后,校长请这位教师允许他和这个学生单独谈谈。这个学生就跟着走出了教室。这位学生真的以为这下麻烦大了。但这位校长接下来说的话让这个学生大吃一惊,这位校长说:"我一眼就注意到了你的行为,我发现你总是独树一帜,很有领导才能,我还发现你知识面很广。你有没有想过长大后做一名教师呢?"这位校长接着说:"要知道,如果你能学会稍微控制一下自己的行为,不仅是你自己,别人也会跟着从你的技巧和能力中受益!真的,你很有天分。"这个学生真诚地向校长道了谢,然后回教室去了。随后,校长把一切都告诉了那位任课教师,而且,这位教师决定日后也试试这样的心理策略。半年后,当这位校长再次走进那个班的时候,那个学生马上就朝他跑了过来,说:"校长,我决定以后要当一名教师了,现在我正为此而努力呢!"老师告诉校长,现在这个孩子已经是一个模范生了:"他积极参与课堂活动,非常听话,休息时间还帮那些过去总受他欺负的同学辅导功课呢。简直难以置信!运用一点儿小小的心理技巧竟然能有这么大的收获!"

正确运用心理"战术",就是这么威力无穷!当然,运用心理方法还需要老师有正确的态度。优秀的老师知道,"态度"决定着课堂的成败。所以,请首先确立"为帮助学生而帮助学生"的态度,下定决心变消极为积极。要乐观,尽一切可能让学生们知道你对他们有信心,特别是事实上你很难做到这点的时候更要乐观。大胆向前,勇于尝试,你无需额外付出,但你的学生却会因此而获得许多。

99.不要以为自己是一个受害者

我们老师绝非是自己所从事的职业的受害者。工作是我们自己选择的,当初应聘的时候,我们也曾骄傲地出示自己的凭证,接受面试,然后又在合同上签下自己的名字。这是我们自愿选择的职业,而且还可以随时更换。那么,我们怎么会成为自己选择的而且还要继续选择的事情的受害人呢?绝对不会!但是,这样的对话随处可以听到:"你能相信他们让我们干什么吗?难道他们以为我们是'超人'?""如果班上没有那五个学生,我的生活就会非常精彩。他们一定是故意把那些学生放在了我的班上。如果学生在课堂上一个个就像动物一样,我真的没有办法上课。也别把他们打发到办公室去,一丁点儿用也没有,一会儿他们就会又给打发回来。""他们成天呆在象牙塔里发号施令,可我们在课堂上简直就是遭罪。那些领导们比我们多拿多少钱啊,这真是天大的玩笑,巨大的不公平!"

不要总以为自己是个受害者。这很危险,只会导致挫折感、怒气冲冲和自以为是。不仅对我们自己,而且对那些每天受我们影响的孩子们,都是百害而无一利的。

记住,工作是我们自己选择的,我们不是受害者,而是被社会寄予厚望、赋以重托的学生灵魂的引路人。

第七章 建立积极和谐的师生关系